からだをととのえる

季節の野菜レシピ帖

マクロビオティック料理70選

角屋敷まり子
監修　岡部賢二

南方新社

はじめに

私がマクロビオティックの料理教室を始めて、15年以上が過ぎました。

今では、鹿児島市や鹿児島県志布志市、熊本県水俣市など各地に広がり、毎月たくさんの受講生と楽しく料理を作っています。マクロビオティックと出会って、そろそろ四半世紀。まさか自分が教える立場になるとは思っていませんでした。

改めて振り返ると、たくさんのご縁がつながって、現在の自分があるのだとつくづく感じます。

食べ物に興味を持つきっかけは、私がまだ高校生だった時のことです。生物の先生が授業中、「早くしわくちゃのおばあちゃんになりたかったら、砂糖入りのジュースをどんどん飲みなさい」と、苦言のように話されました。この時初めて、口にする物で体が変わるのだと知り、それから、そのような情報に敏感になりました。

食べ物が健康に関わると決定的に知ったのは、長男が通っていた幼稚園で開かれた食に関する講演会でした。

気軽な気持ちで顔を出したその席で、日頃、口にしている食べ物には、見た目や食感を良くしたり、長く保存させたりするために、添加物が含まれており、その一部には、発がん性や催奇形性、遺伝毒性が疑われるなど、体によくない性質があることを知りました。

当時、私は幼い息子2人の子育てまっただ中。大きなショックを受けました。「元気に育つように安心できるものを食べてほしい」。その一心で、農薬を使っていない野菜や、添加物が入っていない加工品を探してくれるよう、夫に頼んでは買ってきてもらう日々が続きました。ある日、夫が一言。「自分で店をやってみたら」。

1992年、鹿児島市吉野町の県道沿いで、無農薬野菜や無添加食品などを扱う「やさい村」を始めました。

私にはずっと忘れられない話があります。ある助産師さんから聞いた話です。

私の長男が生まれた30年前、病院で出産に立ち会って下さった助産師さんのお子さんは、当時小学3年生になるそうでしたが、インフルエンザワクチンを打って、その副作用で、一人で食事も取れない状態になり施設に入っているとのことでした。お聞きしたその時は、初めての出産で、ゆっくり考えることはできなかったのですが、実際子供がワクチンを接種することになった時、助産師さんのお話を思い出していろいろ調べると、むやみに薬を飲んだり、予防接種をしてはいけないと思いました。

そこで、薬や予防接種を使わずにすむように、免疫力を上げるにはどうしたらいいのかと考えるようになりました。

店に訪れるお客さんと話すうちに、多くの方から「玄米菜食で体調が改善した」と聞き、初めてマクロビオティックの存在を知ったのです。「健康は、毎日の正しい食生活から生まれる」。そう実感していた私は迷わず、マクロビオティックの講師、岡部賢二先生に相談し、お客さんたちと一緒に学ぼうと、岡部先生による九州初の定期講習会を店で開きました。それが契機となり、料理法を学ぶため、大阪市にある正食協会の料理教室に月に1、2度、通い、2年半で師範の資格を取り、その後、正食協会主催の3泊4日、2泊3日のセミナーのお料理を担当したり、福岡教室を担当したりで講師の資格をいただき、本格的に教室を始めることになりました。

当初、教室の受講生は、店に訪れるお客さんばかりでした。今では、ホームページやインターネットなどで知ったさまざまな方が参加しています。長年、病気を患っている方、子育て中のお母さん、美容や健康に関心を持ち始めたご夫婦……。

基本の玄米の炊き方に始まり、野菜を中心としたおかず、白砂糖を使わないお菓子まで、皆さんの食卓に実際に取り入れてもらいながら、マクロビオティックの料理の基本を体系的に学べるよう心がけています。

一方で、最近では、マクロビオティックに興味があるものの、忙しかったり、さまざまな事情で学びに行けなかったりする方々に、何とか伝えることができないかと感じるようになりました。

マクロビオティックは、玄米菜食が基本で、白砂糖や乳製品を使わないうえ、蒸し煮や重ね煮など普通のお料理法とは違います。忙しく毎日を過ごす方々には、少々、ハードルが高く感じられるかもしれません。ただ、完璧にはできないと考えるのではなく、できるところから一つでもやってみてはいかがでしょうか。自分や家族の健康は自分で守るという基本に立って、自分の食生活や生き方をもう一度、見直してみませんか。

本書では、マクロビオティックの基本的な考え方や旬の野菜を活かした料理のレシピだけでなく、季節の移り変わりで起こる体調不良などへの手当て法も紹介しています。教室の生徒さんから実際に寄せられた質問や意見を取り入れつつ、生活の「即戦力」として役立つよう、いつもは包丁を持つ手にボールペンを握り、書き記してみました。

この本を手に取っていただいた方々の食事や生活の質が少しでもアップするお手伝いになれば、これほどの幸せはありません。

角屋敷まり子

目次

◎秋のレシピ 96

この本の使い方

※このレシピの材料は基本的に4人分です。
※計量の単位は、1カップ＝200㎖、大さじ1＝15㎖、小さじ1＝5㎖です。

マクロビオティック入門

1．マクロビオティックの考え方

身土不二

マクロビオティックの基本的な考え方に、身土不二というものがあります。

私たちの身体（心身）と環境（土）は切っても切れない関係だという意味です。

日本では、春夏秋冬の四季があり、気温や湿度も変わりますが、身体はその暑さ、寒さの変化に順応しています。

春には、よもぎやたけのこなどの山菜が、冬に蓄えた脂肪を溶かします。夏野菜のトマトやなす、キュウリなどは、暑さに喘ぐ身体を冷やしてくれます。実りの秋には、米や木の実を食べることで、寒い冬に向けて脂肪を蓄えます。冬野菜の大根やれんこんなどは身体をあたためてくれます。

また、土地によって季節の移り変わりは、少しずつ違います。だからこそ、暮らす場所の野菜を食べることで、地元の季節の変化に身体が順応してくれるのです。

一物全体

この考え方も欠かせません。一物全体とは、一つの食材を丸ごと、すべていただくということです。大根やにんじん、れんこんなども、栄養や風味をたっぷり味わえる皮まで調理します。おもてなし料理として皮をむいた時は、その皮はみそ汁に入れたり、きんぴらにしたりするなど、別の料理で一工夫して食べます。普段は食べないことが多い玉ねぎの皮には、実はポリフェノールがたっぷり。みそ汁やスープなどのだしが取れます。キャベツや白菜などの外側の固い葉やパセリの軸なども入れると、美味しいだしが出ます。

陰陽調和

食べ物には、身体をあたため、細胞を締める陽性のものと、身体を冷やし、細胞をゆるめる陰性のものがあります。食事が陰陽のどちらかに傾きすぎると体調不良や病気の原因になったりします。

たとえば、陰性のなすやトマトなども火を入れたり、塩をかけたりすることで陽性化するので、体調に応じて調理法を変えるといいですね。

ただ、砂糖や動物性食品は陰、陽、両極にあるので、食べ過ぎると、どちらかに偏ってしまいがちになり、体調不良の原因にもなります。

極陽性のお肉をいただくと、極陰性の砂糖がほしくなるのは、自然と身体がバランスを取ろうとするためです。

陰陽、どちらかにかたよることなく、穀物や野菜を主体にした中庸の、バランスの取れた食生活を心がけたいですね。

陰陽表

	極陰性▼	陰性▽	中庸☆	陽性△	極陽性▲
はたらき		冷やす・ゆるめる （拡散性） 上昇する		あたためる・かためる （収縮性） 下降する	
毎日の食事に取り入れたいもの	• 干し椎茸 • 里芋	• 小松菜 • ねぎ • 白菜 • キャベツ • 油あげ • がんもどき • 高野豆腐（凍み豆腐）	• 玄米・雑穀 • 玄米もち・黒ごま塩 • そば・三年番茶 • 小豆・黒ごま • 大根 • 玉ねぎ • かぼちゃ • かぶ • のり • わかめ • こんぶ • あらめ • ひじき	• たくあん • みそ（天然醸造） • しょう油（天然醸造） • 梅干し • ごぼう • にんじん	• 自然塩 • れんこん
避けたいもの	• 砂糖入り飲料水 • 砂糖菓子 • 白砂糖 • 化学調味料 • アイスクリーム • 合成酢	• 牛乳		• 豚肉 • ブロイラー • 牛肉	• 精製塩 （イオン交換 樹脂膜製法）

※食材名の前にある「•」の位置で、陰陽度を示しています。

2. マクロビオティックの基本　玄米食

玄米の効能

秋になるときれいな黄金色の稲穂が実ります。

玄米は、その稲穂から、もみ殻だけを取ったものです。

そして玄米から糠と胚芽を取り、胚乳のみにしたのが白米です。

玄米と白米の一番の違いは、玄米を水に浸すと芽が出ますが、白米は腐ってしまうということです。

このことからも玄米には生命力が宿っているといえますね。

便秘は「万病の元」といわれていますが、玄米は白米の6倍もの食物繊維を含み、便秘解消に効果的なほか、体内の余分なコレステロールや発がん性物質を排出してくれます。

また、便秘になると腸内でウエルシュ菌などの悪玉菌が増え、肌荒れ、大腸がん、心臓病、動脈硬化などの生活習慣病の原因にもなるので、玄米を摂ることで、その予防にもなります。

玄米は精米していくと、三分搗き米、五分搗き米、七分搗き米、胚芽米、白米と精白度が大きくなります。精白度が大きくなるごとに、ビタミンやミネラル、食物繊維が少なくなっていきます。

カルシウム、マグネシウム、マンガンなどのミネラルには、精神を安定させる働きもあるので、玄米を摂ることで気持ちが穏やかになります。

ただ、胃腸が弱い方や、よくかまずに食べる方には、胃腸に負担になることがあります。

そのような方は、まずは分搗き米に雑穀米を混ぜることから始めましょう。

食べ物を30回、50回、100回とよくかんで食べると、満腹中枢が働いて食べ過ぎず、ダイエットにもなります。

また、口のまわりの筋肉をつかうことよって、表情豊かな若々しい笑顔を保つことができます。

さらに、よくかむことで脳に酸素が送られ、お子さまの脳の発育を促し、高齢者の方には認知症の予防になります。

唾液に含まれる酵素には、毒素を無毒化する働きがあり、よくかむことは、とても重要です。白米だと、あまりかむことができないので、玄米はこの点でもおすすめです。

◆玄米・半つき米・精白米の栄養比較

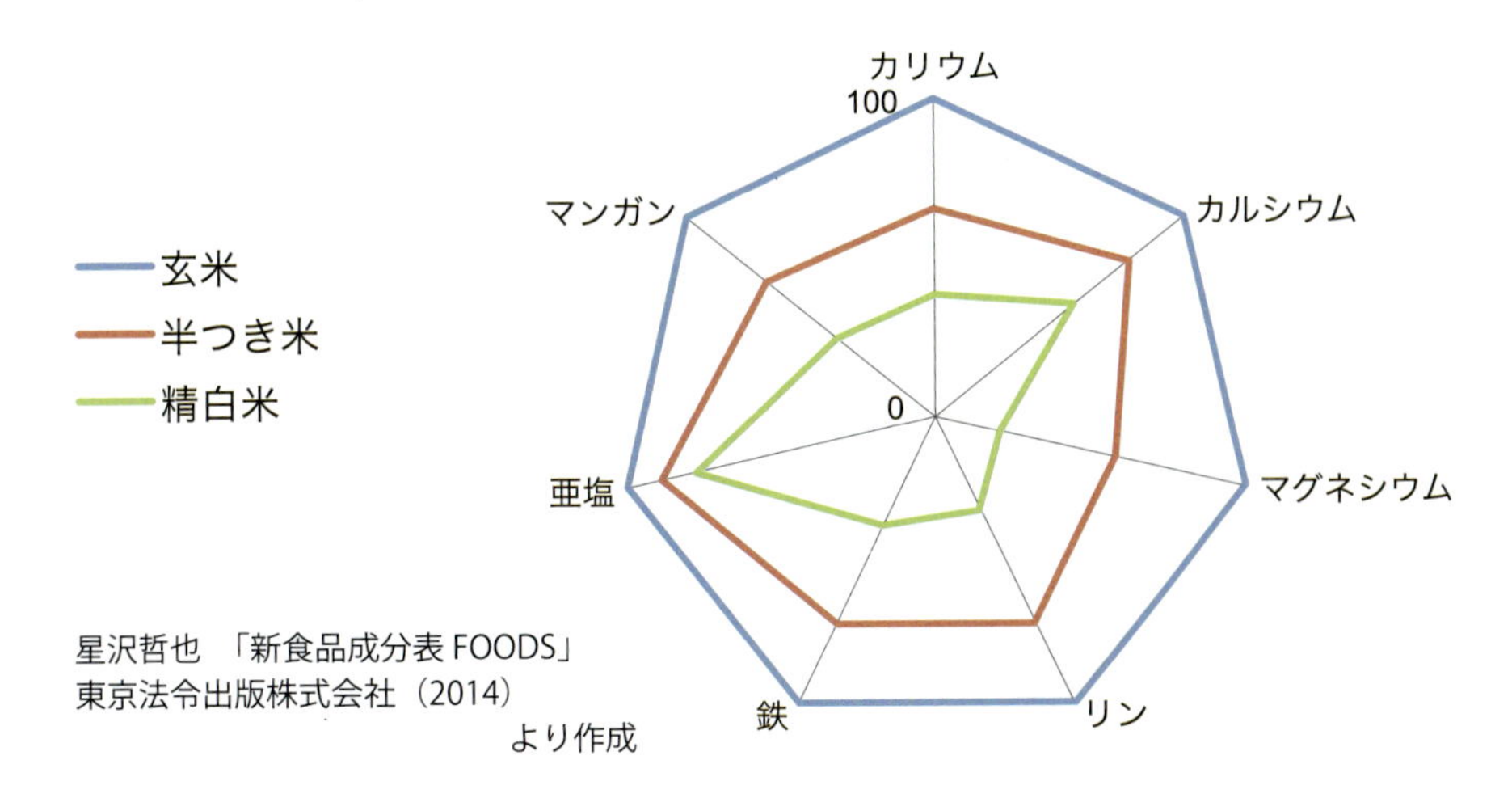

星沢哲也　「新食品成分表 FOODS」
東京法令出版株式会社（2014）
より作成

■コラム1

玄米食で6世代にわたり長寿
永吉高崎家（鹿児島県日置市吹上町）

江戸時代、島津家の家老職にあった永吉島津家（吹上町）高崎六右衛門の家系図を見ると、46歳で戦死した1人を除いて、6世代11人ご夫婦ともに100歳前後まで長生きされています。

高崎家の家訓は、「白米食スベカラズ、主食ハ玄米トスベシ」、「焼酎、煙草タシナムベカラズ」でした。長生きの秘訣は、家訓にあったわけです。

江戸時代、それまで玄米や分搗き米を食べていた武士が白米を食べるようになり、薩摩藩の武士達も例に違わず白米に変わっていったと考えられます。

しかし、高崎家は時流に乗ることもなく、玄米食で過ごし長寿を全うしました。

人生50年といわれたこの時代に、ご夫婦で長生きされており、遺伝による長寿とは考えられず、ほかの環境や食生活によるものと推察されます。

また、同時代、武士とは違い、玄米食や穀菜食を中心にした禅宗の僧侶の平均寿命が80歳だったという史料も残されており、玄米や穀物食が健康維持に深く関わっていることを証明しているようです。

（歴史研究家・野田幸敬氏＝吹上町在住＝の調査による）

家系図

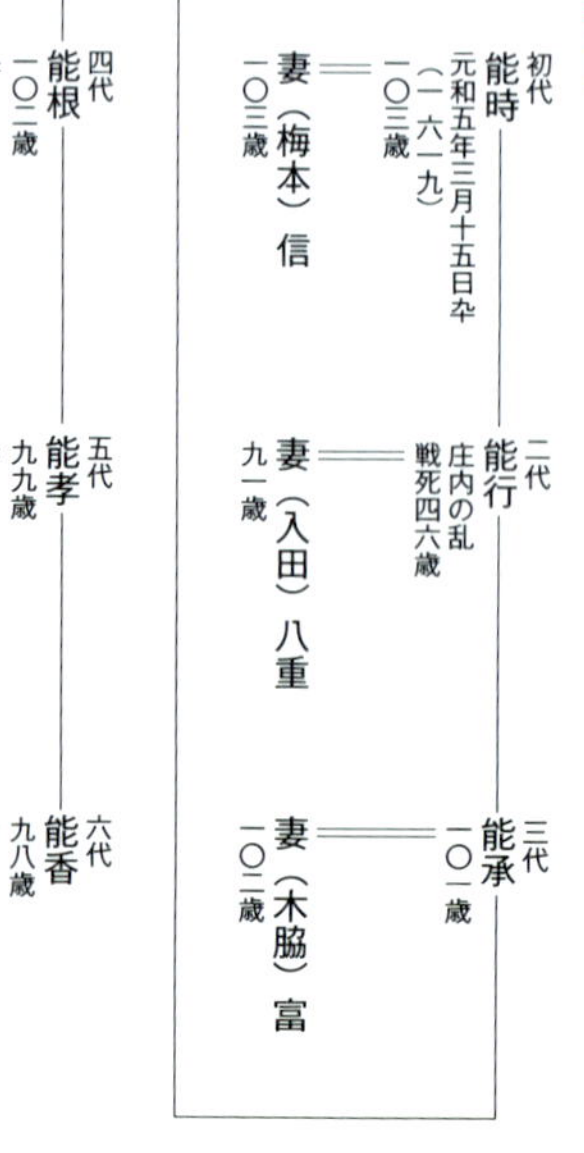

玄米の炊き方

美味しく炊けた玄米は、もっちもち。味わい深いご飯です。

材料（4人分）
玄米…2カップ
水…3カップ
塩…小さじ2/5～3/5

作り方

1 玄米を洗い、ザルに上げる。（新米や精米したての時はさっと、梅雨時や夏などカビが気になる時には念入りに洗います）

2 圧力鍋に玄米、水、塩を入れ中火にかける。沸騰してきたら、弱火にして約30分炊く。

3 火を消し15分蒸らす。ふたを取り、混ぜる。

※ 洗った玄米は、2時間以上、できれば半日程、水に浸しておいた方が栄養の吸収も良くなり、軟らかく炊けます。

※ おかずの塩気、量によってご飯の塩気も調整します。

【応用】

土鍋で炊く玄米小豆ご飯

土鍋でじっくり時間をかけて炊いた玄米ご飯は、あっさりとして、特に夏場やお子さんにおすすめです。

玄米…2カップ
小豆 …⅕カップ
塩…小さじ½
水…680㎖〜760㎖
（玄米の1.6〜1.8倍＋小豆と同量の水）

作り方

1 玄米と小豆を別々に洗い、水を切る。
2 土鍋に玄米と小豆、分量の水を入れて半日ほどおく。
3 分量の塩を入れ、中火にかけ、沸騰して蒸気が出てきたら弱火で50分程炊く。最後に少しだけ火を強くして水分をとばし火を消す。
4 15分蒸らし、ふたを取り、混ぜる。

【応用】

玄米小豆粥

小豆は腎臓の働きをよくし、食物繊維を含んでいるので便秘解消にも効果的です。

玄米…4/5カップ
小豆…大さじ1
塩…小さじ1/3
水…玄米の5〜6倍

作り方

1 圧力鍋に玄米と小豆、水、塩を入れ強火にかける。オモリが動き出したらすぐに弱火にして、40〜50分炊く。

2 火を消し、蒸気が自然に抜けるのを待って、ふたを取る。上下を返し、再び弱火にかけ、塩加減(分量外)とゆるさを見て、火を消す。

※分量の水が圧力鍋の半分以上になる場合は、初めに入れるのは半分までにし、圧が抜けて、ふたを取った時、残りを加えます。

※塩気は家族に合わせます。お子さんや高齢の方がいらしたら、薄くして、いただく時にごま塩をかけて調整します。

3. 基本の料理法

だしを取る

　だしの効いたお料理は、味わい深いものです。お料理に、美味しいだしは欠かせません。

　昆布は、グルタミン酸を含み、美味しいだしの素になります。鉄分やカルシウムなどのミネラルも豊富で、特にヨードは類をみないほど多く含まれています。ヨードは人の甲状腺ホルモンの主要原料で、身体の発育成長だけでなく知能の発育にも欠かせないものです。

　また、アルカリ度が抜群に高いので、酸性が強い肉、魚、卵などを少量で中和し、アルギン酸など水溶性の食物繊維も多いので、便秘解消にもつながります。近頃は、ややもすれば酸性の食べ物が多く、食物繊維不足に陥りがちなので、昆布だしで作るお料理は家族の健康づくりには欠かせませんね。

　通常、だしには、昆布にかつおぶしで取るのが一般的ですが、マクロビオティックではかつおぶしの代わりに椎茸を使います。

　椎茸は食物繊維がたっぷりで血圧を下げる働きがあり、生活習慣病の予防にもいいといわれています。含まれているレンチナンという成分には、がん細胞の増殖を抑える働きがあるともいわれています。

　昆布に含まれるグルタミン酸と、椎茸に含まれるグアニル酸が合わさると、旨み、風味が格段に増え、美味しくなります。

だしの取り方

材料

水…1ℓ

干し椎茸…2枚

昆布…10㎝角

1．干し椎茸はさっと洗い、ほこりを落とします。

2．昆布は表面をふきます。

3．水に椎茸と昆布を浸し、3～5時間つけておきます。（できれば冷蔵庫に入れておきます。干し椎茸は、冷蔵庫内の温度に置くのが、もっとも美味しいだしがとれます）

4．**一番だし**

火にかけて、泡が出てきたら昆布を取り、沸騰させます。

二番だし

昆布を戻し、水を加えて再度火にかけて煮出します。

※だしは、椎茸、昆布、それぞれ単独でも取れます。身体が陰性の人は昆布のみにする、陽性過多の人は椎茸を増やすなど、体調やお料理によって使い分けましょう。

蒸し煮・重ね煮

蒸し煮、重ね煮を使って、おいしいお料理を作りましょう。

初めてマクロビオティックのお料理を食べた人がよく、砂糖を使っていないのに甘くて旨みがある、と驚かれます。

その秘訣は、マクロビオティック料理の調理法、野菜の「蒸し煮」、「重ね煮」にあります。

蒸し煮では、野菜の陰性さを火の力で陽性に変え、旨みと甘みを引き出してくれます。

例えば、玉ねぎには揮発性の辛みがありますが、よく炒めると、辛みの成分が揮発して、甘みだけが残り、凝縮されて、より甘くなります。

ごぼうには独特のアクがあります。普通の調理法では、ごぼうの皮はこそぎ取り、水にさらしてアクを取りますが、蒸し煮、重ね煮では土を落としただけで、風味の詰まった皮つきのまま切り、蒸し煮することによってアク気を旨みに変えるので、水にさらすことなく煮ます。

※ごぼうと、玉ねぎを一緒に入れる時には、まず、ごぼうを蒸し煮し、アク気がなくなってから玉ねぎを炒めます。

蒸し煮や重ね煮は、時間のある時に多めに作っておくと、みそ汁、スープ、サラダなどにも活用できます。今回のレシピでは、蒸し煮での調理を主に紹介していますが、重ね煮にも変えられます。

蒸し煮の方法

ごぼうの蒸し煮

1. 厚手の鍋に、ごま油を鍋底になじむ程度入れ、ごぼうを入れ混ぜます。
2. ごぼうに、ごま油がなじんだら、塩ひとつまみ、もしくは梅酢1~2滴を入れ、真ん中に集めてふたをして弱火にする。
3. なるべくふたを取らないで、ごぼうのアク気がいい香りになるまでそのままにします。(もし焦げそうな時には、鍋肌から大さじ1程度の水を入れる)

玉ねぎを入れる場合

1. 鍋をあたため、鍋底全体に薄くなじむ程度、ごま油を入れます。
2. 玉ねぎを入れ、透明感が出て、色がつく手前くらいまでよく炒めます。
3. 陰性のきのこを加えて炒め、なすやかぼちゃなどの果菜類、そして根菜類へと、入れた野菜が混ざったら、すぐに次々と入れていきます。
4. 最後に塩を一つまみ入れて全体に混ぜ、中央に集めます。
5. ふたをして弱火で、野菜が汗

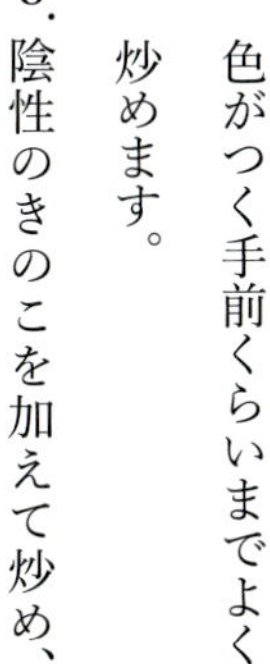

をかき、いい香りがしてくるまでじっと我慢です。

途中焦げそうな時は、鍋肌から大さじ1程度の差し水を入れます。（最近のガスレンジの弱火は結構火が強いので、ご注意ください）

※お料理によって、色よく仕上げたい時は順番を変えます。

重ね煮の方法

1．湿気のあるところで育つきのこ、なすやトマトなどの果菜類を鍋の下に、下に伸びていく陽性の大根やニンジンなど根菜類をのせていきます。

2．一番上に塩ひとつまみをふり、鍋肌から誘い水大さじ1を入れて、弱火でふたを取らずにそのままいい香りがするまでおきます。
（時間がない時は、鍋肌から大さじ1の水を入れ、ふたをしないで中火にかけて、ジュワーっと音がしてきたら、ふたをして弱火にかけると早く鍋があたたまります）

※ごぼうを入れる時は、最初にごぼうの蒸し煮をして取り上げ、一番上にのせます。

4. 基本調味料のポイント

みそ

みそは、しょう油と同様、日本人にとって、欠かすことのできない発酵食品です。和食の基本ともいえる、ごはんにみそ汁、漬け物ですが、その中でもみそは、「手前みそ」といわれるほど、以前は各家庭で、さまざまな種類が作られていました

昔から、「みそは医者いらず」とか、江戸時代には「医者に金を払うよりも、みそ屋に払え」といわれるほど、健康によいものとされてきました。

みその材料、大豆は、抗酸化作用のあるビタミンやレシチン、褐色メラノイジンを含み、それらは老化やがんの原因といわれる過酸化脂質を抑えてくれます。

タンパク質が豊富な大豆を、よく煮て麹を加えることによって、麹菌が造る酵素がタンパク質をアミノ酸に分解して、消化吸収のよいみそになります。

また、乳酸菌や酵母などの働きによって、酸味、香り、色のさえがよくなります。

東京農業大学名誉教授で発酵学の権威、小泉武夫先生の研究によると、発酵食品には「解毒発酵」といって有害物質を分解する働きがあるそうですが、みそに含まれるジピコリン酸は特に解毒力が強く、放射性物質も排泄する働きがあるそうです。

長崎に原爆が投下されたとき、その爆心地から1.8㎞しか離れていない浦上第一病院（現在の聖フランシスコ病院）の医長だった秋月辰一郎博士と病院関係者は全員被爆したにもかかわらず、秋月博士そして病院の従業員すべてに原爆症が出ませんでした。

そのことを、秋月博士は後に、著書『体質と食物』に、「その時私といっしょに、私の患者の救助、付近の人びとの治療に当たった従業員に、いわゆる原爆症が出ないのは、その原因の一つは、『わかめの味噌汁』であったと私は確信している」と書いています。

このことは、放射線防御作用について研究している広島大学名誉教授の渡邊敦光氏が、被曝して起こる急性障害を適量のみそを摂ることによって抑えられると、動物実験で確かめています。

また、国立がんセンター研究所の故・平山雄博士の研究では、みそ汁を飲む人は飲まない人に比べて胃がんの発生率が低いという結果が発表され、みそに乳がんの発生を抑える働きがあることも明らかになりました。

みその種類

米みそ

原料　大豆・米・塩

作り方　大豆に米麹を合わせて造ります。

特徴　米麹が多いみそは、熟成期間は短く、甘みがあります。

同じ米みそでも、大豆を多く入れたみそは、熟成期間が3〜4カ月で淡色。甘口みそになります。

また、大豆を多く入れて熟成期間が1年と長ければ、色は濃くなり、味も辛口です。

麦みそ

原料　大豆・麦・塩

作り方　大豆に麦麹を合わせて造ります。

特徴　麹を使う量が多く、塩分が少ないので、甘みと香りの強いみそです。

ただ、関東などで造られる麦みそは塩分が多めです。

また、ほかのみそと違い、麦の繊維（黒条線）があるので、みそこしや、すり鉢を使います。

マクロビオティックでは、熟成した麦みそは肝臓によいものとされています。

豆みそ

原料　大豆・塩

作り方　大豆のみで造る豆みそは、ほかより熟成期間が長く、うま味が出ます。

豆みその一つ、八丁みそは、徳川家康が生まれた岡崎城より八丁（約８７０ｍ）の距離の八丁村で造られたのが始まりとされています。

マクロビオティックでは、長期熟成することによって赤味がかった豆みそは心臓によいとされています。

体調不良の方は、麦みそに八丁みそを1～2割程度入れましょう。

私たち日本人の食卓に欠かせない調味料の一つに、しょう油があります。
大豆や麦などに麹菌をつけ、時間をかけて熟成、発酵させることによって、グルタミン酸を主体としたアミノ酸などの独特のうま味や甘み、香り、色合いが作られます。
本来、しょう油の材料は丸大豆や小麦、塩でしたが、現在では油を搾った後の脱脂加工大豆を使ったものや、アミノ酸液を加えているものもあります。
マクロビオティックでは、丸大豆やにがりを含む塩を使い、昔ながらの天然醸造で作られたものを使います。

しょう油の効能

しょう油は胃液の分泌を活発にし、食欲を高めます。また、静菌作用を利用して、佃煮などの保存性を高めるために使われています。

お刺身にしょう油をつけるというのは、美味しくなるからだけではありません。しょう油には、バラやヒヤシンスなどの花や、りんごやパイナップルなどの果物、そしてバターやコーヒーなど、１００種類ともいわれる香りの成分が含まれています。その香りの成分が魚の生臭さを取り大腸菌を死滅させ、食中毒を防ぐ効果もあるのです。

しょう油の種類

こいくちしょう油

もっとも一般的なしょう油。大豆と小麦を同量で作ります。

うすくちしょう油

色が薄いので、塩辛くないように見えますが、塩分はこいくちしょう油よりも約1割ほど多くなっています。

たまりしょう油

濃厚なうま味ととろみ、風味のよさが特徴です。

再仕込みしょう油

こいくちしょう油と同じように、大豆と小麦で麹を作ります。ほかのしょう油とは違い、麹を食塩水と仕込まずに、すでに搾った火入れをしていない生のしょう油と仕込みます。

しろしょう油

色がうすくちよりも、さらに薄く、塩分も強いですが、甘みもあって独特の香りがあります。

色が薄いので、しょう油の色をつけたくないお料理に使います。

生命の誕生は海からといわれます。実際に人の血液や赤ちゃんが育つ羊水は、海水のミネラルバランスとよく似ているのです。

人の身体に0・85%含まれ、健康な身体を維持するのに不可欠な塩。種類もいろいろありますが、その作り方、特性を知って使いたいものです。

塩は毎日の料理にも欠かせない調味料。

「いい塩梅」という言葉があるように、丁度、よい加減に塩で味付けすると、食材のうま味を引き出し、おいしくしてくれます。

塩で食材の水分を抜いて微生物（腐敗菌）の繁殖を防ぐ作用を利用し、漬け物や魚介類の干物などが作られます。

また、肉や魚に塩をふり火を通すと、煮くずれしないのは、塩にタンパク質を安定させる働きがあるからです。

塩を上手に使って、形も彩りもいいお料理で、食欲をアップさせましょう。

ほうれん草など青菜を塩ゆでると、色鮮やかになります。これも、塩の色素を安定させる働きによるものです。

塩はタンパク質や脂肪のように栄養にはなりませんが、体内の水分に含まれている塩は、体内の水分量を調節したり、血液や胃酸など消化液の材料になったりして、私たちが健康な身体を維持していくのにとても重要なものです。

体内の塩が不足すると、めまいやふらつきが起きたり、胃酸などの消化液が少なくなり食欲もなくなったりして、身体の機能が衰え、だるくなったり脱力感が出たりします。

身体は常に0・85％の塩分濃度を保とうとします。もし塩分が不足していたら、いくら水分を補給しても排出されてしまうため、夏バテや熱中症予防にも塩は必要です。

このように身体を維持するためにとても重要ですが、一口に塩といっても成分やその作り方もいろいろあります。

日本では、昔から、「かん水」（濃い塩水）を作り、煮詰めて結晶を作る「せんごう」という二つの工程から作られてきました。

塩の種類

岩塩

地殻変動で海水が陸に閉じ込められ、長い年月をかけて結晶になったといわれており、採掘した結晶そのものと、結晶を一旦水に溶かし、塩水にして煮詰め、天日蒸発させて製造したものがあります。

問題点として、採掘したままのものには、不純物が含まれている可能性もあるそうです。

天日塩

海水などの塩水を、乾燥した気候を利用して、水分

を蒸発させ結晶にしたもの。（天日蒸発だけで結晶にした塩です）

イオン交換膜式製塩

１９７２年以降、日本の製塩法はイオン交換膜法に変わりました。

この方法では、ＰＣＢ（ポリ塩化ビフェニル）のような化合物や重金属を通さないので有害物質を凝縮させませんが、塩化ナトリウムの純度が高くなります。

従来の製法で作られた塩に比べると、マグネシウム、カリウム、カルシウムなどのミネラルもほとんどなくなることが問題です。

人の体液のミネラルバランスは海水と似通っています。身体の中のミネラルバランスが崩れると、心身共にさまざまな弊害が表れます。

塩はミネラルを含んだものを適量使うことが大事です。

■コラム２

甘みの種類——白砂糖にはご注意を！

食べ物に関する健康相談に来られる方のほとんどに共通するのが、白砂糖たっぷりの甘いお菓子や料理がお好きだということです。

白砂糖の摂り過ぎは、免疫力を低下させ、身体からカルシウムを奪い歯がもろくなったり、骨折しやすくなるなど、さまざまな不調の原因となります。

ほかにも炭水化物（糖質）をエネルギーに変える働きを持つビタミンB1などのミネラルも奪うので、乳酸が分解されず、疲れやすくなったり、不眠、頭痛、肩こり、記憶力の低下などの症状を引き起こします。

また、白砂糖を摂り過ぎると、血糖値を下げるホルモンであるインスリンが過剰に出て低血糖状態になります。

そうなると、脳からは食欲中枢を刺激するアドレナリンというホルモンが分泌されます。これは身体が「倒れたら大変」と覚醒し、食欲を出させるためです。

ところが、アドレナリンは別名「攻撃ホルモン」と呼ばれていて脳の興奮を引き起こし、イライラ、神経過敏、めまい、下痢、便秘など、さまざまな形となってあらわれます。

このようなこともあり、精製の過程でミネラルが全て失われた白砂糖は「白い麻薬」といわれています。

普段から白砂糖をたくさん摂取することで、インスリンを出し続けた結果、膵臓が血糖調整をうまくできなくなり、やがて糖尿病になります。

そこで甘いものがやめられない方におすすめなのが、レーズンなどのドライフルーツや、さつまいも、かぼちゃなどの自然な食べ物で甘みを摂る方法です。

マクロビオティックでは、お料理に砂糖類は使いませんが、スイーツの甘みとして、お芋やかぼちゃなどのほか、黒砂糖、きび砂糖、てんさい糖、はちみつ、米あめ、メープルシュガー、甘酒（米と米麹から作られたもの）など、体調に合わせて甘みの種類を使い分けます。

最近、じっとしていられない子供たちが増えていると聞きますが、これは白砂糖の摂り過ぎによるミネラル不足や、血糖値の急激な変動が原因の一つと考えていいと思います。したがって脳の栄養になるミネラルを含んだ米あめや黒砂糖、甘酒（米と米麹で作られたもの）を甘みに使うことで、子供たちも自然に落ち着き、子育ても楽になるのではないでしょうか。

甘みの種類

■黒砂糖

さとうきびを搾った汁を煮詰めて作ります。カルシウムなどのビタミンやミネラルを含んでいます。

■きび砂糖

さとうきびを煮詰め、苦みやアクを取り除いたものです。

■てんさい糖

てんさい（砂糖大根、ビート）の根から作られています。おなかのビフィズス菌を増やすオリゴ糖を含んでいます。

■メープルシロップ、メープルシュガー

サトウカエデの樹液を煮詰めたものがメープルシロップ、さらに水分を抜いたものがメープルシュガーです。主な産地はカナダやアメリカ北東部です。

■米あめ

麦芽とお米を昔ながらの製法で糖化させて作ります。日ごろ私たちが食べているお米や麦が材料なので、身体に一番優しい甘みといえます。

■甘酒

甘酒の作り方には2種類あります。

①米（玄米または白米）と米麹を発酵させ、砂糖を入れずに、自然の甘みのみで作ったもの。アルコール分は含んでいません。

②酒粕を水で溶いて砂糖を加え、火にかけて作ったもの。酒粕を使用しているため、アルコール分を含みます。お子さんやアルコールが苦手な方はご注意ください。

※マクロビオティックでは①の米と米麹で作った甘酒を使います。

5. 毎日の食卓に取り入れたい食材

私がマクロビオティックの料理で使ってきた食材のなかでも、特に取り入れてもらいたいものを紹介します。

高野豆腐

低カロリーでタンパク質やカルシウム、イソフラボンが豊富。正式名称の「凍り豆腐」の名前のとおり、豆腐を凍らせ、乾燥させることにより、含まれる大豆の消化吸収が格段によくなります。（ちなみに、高野豆腐、凍み豆腐も同様の製法で、地方によって呼び名が変わります）

人の身体をつくり、発育、健康保持に必要なアミノ酸が多く含まれています。

また、大豆に含まれるイソフラボンは、骨密度を正常に保つ働きがあるとされており、骨粗鬆症の予防にも役立ちます。鉄分も豊富なため、妊娠中や授乳中の女性には特におすすめします。新陳代謝に必要な亜鉛も多く含まれており、アトピー性皮膚炎や肌荒れなどにも効果があります。（大豆アレルギーの方はご注意下さい）

高野豆腐は環境ホルモンのダイオキシンを排泄する力が高いこともわかってきました。

にがりで作った高野豆腐は、水で戻さず、乾燥したますりおろし、粉状にしてもお使いいただけます。

こうすれば、高野豆腐が苦手な方でも、ハンバーグやミートボール、巾着に入れるなど、いろいろお使いいただけます。

カルシウムが骨に定着するには、良質なタンパク質やビタミンDが必要とされていますが、天日干しの高野豆腐は、そのままですべてそろったすぐれた食材といえます。

切り干し大根

*千切り大根

生の大根を細く切って干しあげた切り干し大根は、お日様に干すことによってカルシウム、マグネシウム、鉄分、カリウムなどの栄養が格段に増加しています。

また、生の大根に少ない不溶性の植物繊維（リグニン）なども増えるといわれています。リグニンは、生活習慣病の原因ともされるＬＤＬコレステロール（悪玉コレステロール）の原料となる胆汁酸を体外に出す働きがあり、脂肪肝や動脈硬化、心筋梗塞などの生活習慣病を予防するのに効果があります。

また、天日に干すことにより、ビタミンDが増え、カルシウムの吸収が良くなります。

切り干し大根というと、煮物と思いがちですが、みそ汁やサラダ、和え物、漬け物と、その甘みと風味、歯ごたえの良さを活かして、いろいろなお料理に使えます。

小豆

マクロビオティックでは、小豆は玄米ご飯に入れるほか、高血圧症の方におすすめの昆布と煮る「小豆昆布」、また、糖尿病や婦人科系の病気には小豆昆布にカボチャを加えた「小豆かぼちゃ」など、体調を整える食養料理にも使われています。

腎臓の機能を高めてくれる働きもあります。

小豆に含まれるサポニンやカリウムには利尿作用もあり、むくみを取ることにも効果があります。

煮汁に含まれるカテキンには抗酸化作用があり、さまざまな病気の原因とされる過酸化脂質の発生を抑え、がんの発生を抑制するといわれています。

小豆に含まれるビタミンCは、プロビタミンCと呼ばれ、でんぷん質にガードされているので、食べて胃酸に出合い、そこで初めてビタミンCに合成されるので、果物や緑茶のビタミンCのように唾液や熱によって分解されることがありません。

ビタミンCにも陰陽があり、小豆のビタミンCは身体をあたためてくれる陽性のビタミンCです。

糖質の分解や代謝を促してくれるビタミンB_1、B_2も多く含み、また、サポニンと食物繊維が腸を刺激するので便秘にも効果的と、驚くほど身体にとって有効な食材です。

普通は水に溶かし、火にかけ、くず湯やくず練りとして飲むことが多いですが、マクロビオティックでは、梅しょう番茶のほか、れんこん湯などに入れて、飲んで体調を整える手当て法にも使われます。

また、マクロビオティック料理やスイーツでは、片栗粉のようにとろみづけや、ごま豆腐やプリンなどを固めるのにも使います。

くずに含まれるイソフラボノイドは血管を広げ、老化の原因となる活性酸素や老廃物の排泄を促すので、血液の質がよくなります。血液の質がよくなり、血行がよくなることで血圧を安定させ、肝機能を高めるなど、全身の機能もよくします。

また、くずは、身体をあたため、神経系を安定させたり、筋肉の緊張を緩めたりしてくれるので、緊張状態が続く不眠の方や、風邪のひき始めの肩こりやチック症状、ひきつけなどにも効果的です。

お料理でくずと同じようにとろみをつけたり固めた

りするのに、片栗粉や甘藷でんぷんなどを使ったりしますが、体調を整えるのに使うのは薬草の一つでもあるくず粉がおすすめです。

ごまは、中国の最古の医学書で不老長寿の薬として紹介され、古代エジプトではクレオパトラも食していたといわれるほど健康や美容に欠かせない優れた食品です。

マクロビオティックでも、玄米ご飯に「ごま塩」は欠かせません。

あの小さな粒の中に、リノレン酸、リノール酸などの不飽和脂肪酸、ビタミンE、セサミノールなどのゴマリグナン、鉄分やカルシウム、マグネシウム、必須アミノ酸などがたっぷり含まれています。

ゴマリグナンは、過酸化脂質の生成を防ぎ、細胞の老化を抑えるため、アンチエイジングに効果があります。豊富なビタミンEも抗酸化物質のため、その効果を倍増させます。不飽和脂肪酸は、血中コレステロールを減らすとされ、動脈硬化を抑制する効果もあります。

また、ごまは、二日酔いの原因となる有害物質を無毒化する働きもあります。食べる直前に炒り、すって使うと効果的です。

ごまには、白ごまと黒ごま、金ごま（茶ごま・黄ごま）などの種類がありますが、黒ごまの黒い色素成分にはアントシアニンなどのポリフェノールや鉄分を多く含み、白ごまや金ごまは脂質を多く含みます。

その特性を活かし、ごま塩には黒ごま、和えものには白ごま、金ごまを使うなど使い分けます。

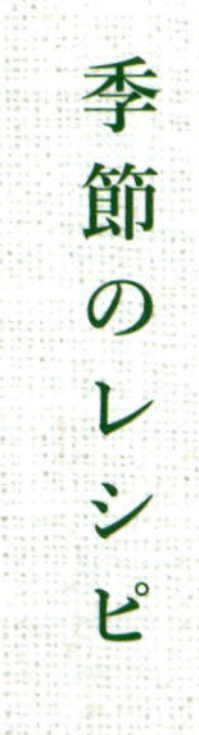

季節のレシピ

春のレシピ

春（3～4月）は昔から「木の芽時」といわれ、さまざまな生き物が活動を始め、植物が芽吹く季節です。

この季節に弱りやすいのが肝臓です。

肝臓は冬の間、寒さをしのぐためにため込んだ脂肪や血液中の汚れを2000種類ともいわれる酵素を使って分解・解毒しています。

過ごしやすくなり身も心も軽くなる時期ですが、肝臓の働きが悪いと、思わぬ不調が出たりします。

陰陽五行でも、この時期には「肝・胆のう系」が弱るといわれています。

「肝・胆のう系」の弱りは、肩や首の凝り、チック症、顔面神経痛やひきつけなど、筋肉の運動障害、また、疲れ目、充血、目のかすみ、目やに、光がまぶしいなどといった目の不調となってあらわれます。

　さらに季節柄、寒暖の差や環境の変化などで、自律神経が乱れると、感情のバランスも崩れやすくなり五月病になりやすくなります。

　そこで、肝臓の働きをよくする食べ物としては、陰陽五行では青色（緑色）のほうれん草や小松菜、春菊、菜の花などの緑黄色野菜が食薬になります。

　また、よもぎやタラの芽、フキ、スギナ、たけのこなどの野草にたくさん含まれる、ビタミン、ミネラル、食物繊維、酵素などが、肝臓にたまった油汚れを排出してくれます。

　逆に動物性タンパク質や白砂糖、油ものなどを摂り過ぎると、肝臓で一旦処理し、送り出したはずの中性脂肪やコレステロールが、腸で処理しきれず、腸内から再度吸収され肝臓に戻ってしまいます。したがって便通を整えることも大切です。

大根菜飯

カルシウムたっぷりのごまと大根葉が入って食べやすく、野菜嫌いのお子さんにもおすすめです。おにぎりにしても好評です。

材料（4人分）

炊いた玄米ご飯…お茶碗4杯分（800g）
大根葉…½把（100g）
炒りごま…大さじ1
しょうが…お好みで適宜
塩…小さじ⅔
しょう油…2〜3滴

作り方

1 大根葉は色よく塩ゆでし、細かくきざみ水気をしぼる。フライパンでさっとから炒りし、濃いめに塩としょう油で味をつける。

2 ごまは切りごまにし、しょうがは細い千切りにする。

3 玄米ご飯に大根葉、ごま、しょうが（お好みで）を入れて混ぜ合わせ、塩（分量外）で味を調える。

※ ごまは切ったり、すり鉢ですったりすると、栄養が身体に吸収されやすくなります。

ふのりとあおさのお吸い物

胆石など石が気になる方におすすめです。海藻はミネラルが豊富で、特にふのりは血液をきれいにして石を溶かします。

材料(4人分)
ふのり…4g
あおさのり…4g
菜花または花形にんじん…4枚
(にんじんを3㎜の薄切りにし、花形で抜いたもの)
だし汁…700㎖
塩…小さじ1
しょう油…大さじ½

作り方

1 ふのり、あおさはさっと洗い、あおさはしぼる。

2 菜花(または花形にんじん)は、だし汁少々に塩少々(分量外)と、しょう油2~3滴(分量外)を入れたもので煮て、取り上げておく。

3 2の煮汁にだし汁を加え700㎖にし、塩、しょう油で味を調える。

4 お椀にふのり、あおさ、菜花(または花形にんじん)を入れて、その上から3を注ぐ。

キャベツのミルフィーユ

おもてなし料理にも使える豪華な一品です。キャベツの代わりに、白菜もいいですよ。

材料(4人分・18㎝パウンド型)
キャベツ…4～5枚
玉ねぎ…100g
にんじん…50g
干し椎茸…2枚
グルテンバーガー…小1缶
塩…小さじ½
しょう油…小さじ1
長芋または里芋…50g
ごま油(香りなし)
　またはサラダ油…適宜
片栗粉…大さじ1
しょうが…1片
〈銀あん〉
だし汁…150㎖
しょう油…小さじ½
塩…小さじ¼
みりん…小さじ½
くず粉…小さじ1
水…小さじ1

作り方

1 キャベツは熱湯でさっと塩ゆで(分量外)し、芯の太い部分は薄くそぎ、パウンド型の大きさに切っておく。

2 玉ねぎ、にんじんはみじん切り、干し椎茸は水で戻しみじん切りにする。

3 フライパンにごま油(香りなし)を熱し、玉ねぎをよく炒める。椎茸、にんじんを加え、塩ひとつまみ(分量外)を入れてふたをし、弱火で蒸し煮する。

4 **3**にグルテンバーガーと長芋または里芋のすりおろしを入れ、塩、しょう油で味付けし、片栗粉を混ぜる。

5 18㎝のパウンド型にごま油(香りなし)を薄く塗り、**1**のキャベツを敷き(葉が破れている場合は、ほかの葉でふさぐ)、片栗粉(分量外)を茶こしでふり、**4**の½の量をおく。その上に片栗粉(分量外)をふり、キャベツをおく。その上に片栗粉(分量外)をのせ、残りの**4**をおき、片栗粉(分量外)をふってキャベツをのせる。

6 蒸気の上がった蒸し器に**5**を入れ、20分程蒸す。

7 型をひっくり返して、切ったミルフィーユを器に盛る。

8 小鍋にだし汁を沸騰させ、塩、しょう油、みりんで味をつける。くず粉を同量の水で溶いたものを入れ、とろみをつけ、銀あんを作る。

9 7に8をかけ、しょうがのすりおろしを上にのせる。

※ 間にキャベツをはさむのが面倒な時は、上下だけでもいいですよ。

車麩のチャンプル

車麩が、だしと野菜の旨みをたっぷり吸って、ご飯がすすみます。コレステロールが気になる方にもおすすめです。

材料（4人分）
車麩…2枚
塩…小さじ¼
しょう油…大さじ⅔
にんにく…適宜
しょうが…適宜
片栗粉…大さじ2くらい
玉ねぎ…100g
にんじん…30g
干し椎茸…2枚
キャベツ…3枚
もやし…½袋
にら…⅓把
だし汁…1カップ
ごま油…適宜
塩…小さじ1
しょう油…小さじ1
こしょう…適宜

作り方

1 だし汁に塩小さじ¼、しょう油大さじ⅔でおすましより少し辛めに味をつけ、にんにく、しょうがのすりおろしを加えて車麩を漬ける。

2 車麩が軟らかく戻ったら軽くしぼり、手でちぎり、片栗粉をまぶす。

3 玉ねぎは薄い回し切り*（くし切り）。にんじんは薄い斜め半月、干し椎茸は戻して細切り、キャベツは芯と葉に分けて芯は薄切り、葉は3～4㎝、にらは2～3㎝に切る。

4 フライパンにごま油を多めに入れ、2を焼き、焼き色がついたら取り上げておく。

5 油が足りなかったらごま油を足し、玉ねぎを炒め、椎茸、キャベツの芯、にんじんを入れ、塩ひとつまみ（分量外）を入れ、野菜をフライパンの真ん中に寄せてふたをして蒸し煮する。

6 にんじんが軟らかくなったら、キャベツの葉、もやし、にらと炒め、4を加え塩小さじ1、しょう油小さじ1、こしょうで味を調える。

＊回し切り…一切れの中にも陰陽のバランスが取れるようにした、マクロビオティック特有の切り方。

野草の天ぷら

野草料理で春を楽しみましょう。天ぷらにすると簡単に、美味しくいただけます。

材料（４人分）
よもぎ…適宜
スギナ…適宜
タラの芽…適宜

〈天ぷら衣〉
小麦粉…30ｇ
水…70㎖
塩…適宜
揚げ油…適宜

作り方

1 よもぎ、スギナ、タラの芽は洗っておく。

2 小麦粉に塩と水を入れ、天ぷら衣を作り、よもぎ、スギナ、タラの芽にそれぞれつけて揚げる。

※天ぷらの衣は、野草を油に入れたとき、固まらず、ぱっと開くくらいの固さにする。

※塩は、衣に入れるか、つけて頂くかはお好みで。

春キャベツの簡単白和え

キャベツの甘みと練りごまのこくが出て、おかずにもってこいです。お豆腐をゆでると傷みにくくなります。

材料（4人分）

キャベツ…150g
にんじん…20g
豆腐…⅓丁（100g）
練りごま…大さじ1
しょう油…大さじ1.5
塩…適宜

作り方

1 キャベツは太い千切り、にんじんは細い千切りにする。豆腐は水気を切っておく。

2 鍋にキャベツ、にんじんを重ね、塩少々をふり、水大さじ1（分量外）を鍋肌から入れ、ふたをして弱火で重ね煮する。（最初は火を強めにして、ジュワーと音がしたら弱火にすると、早く火が通ります）

3 すり鉢に練りごまとしょう油を入れ、混ぜ、豆腐を加え、なめらかになるまで混ぜる。

4 3ににんじんとキャベツを加え、さっと混ぜ合わせ、味を調える。

からすのえんどうとさつまいもの白和え

青菜の端境期にできるからすのえんどうは、小松菜やほうれん草のように使えます。

材料（4人分）

豆腐…⅓丁（100g）
さつまいも…50g
からすのえんどう…60g
にんじん…25g
麦みそ…30g
練りごま…大さじ1
塩…適宜

作り方

1 豆腐はゆでて水を切っておく。
2 さつまいもは1㎝の角切りにし、塩ゆでする。
3 からすのえんどうは色よく塩ゆでし、1〜2㎝に切る。
4 にんじんは千切りにして、塩ゆでする。
5 すり鉢に練りごま、麦みそを入れ、よくする。さらに豆腐を加えてすり混ぜ、さつまいも、にんじん、からすのえんどうを加えて混ぜ合わせ、味を調える。

※ 鹿児島の麦みそは、麦の割合が多い甘いみそです。米みそでもお試し下さい。
※ からすのえんどうは、春先に生える野草です。
※ からすのえんどうは、先端10㎝程の、手で簡単にちぎれる部分を使います。

ガトーショコラ

バター、チョコレート、卵、白砂糖を使わない「チョコケーキ」です。バレンタインデーにも。翌日が、よりしっとりします。

材料（18㎝丸型）

木綿豆腐…100g
くるみ…30g

A
- 薄力粉…100g
- 玄米粉…50g
- ココアパウダー…大さじ3
- ベーキングパウダー…小さじ1（アルミニウムオフのもの）

B
- 白練りごま…大さじ½
- なたねサラダ油…大さじ3
- メープルシロップ…大さじ4
- 豆乳…150㎖
- 自然塩…ひとつまみ

バニラエキストラクト…小さじ1（バニラビーンズから作られたもの）

〈仕上げ用〉
メープルシロップ…大さじ1
ミックスナッツ…20g

作り方

1 オーブンは160度にあたためておく。18㎝型に油を塗るか、オーブンシートを敷く。
2 木綿豆腐はふきんなどに包み、重しをして、しっかり水を切る。くるみは粗みじんにする。
3 Aをよく混ぜ、粉ふるいにかける。
4 ミキサーに木綿豆腐とBを入れて、なめらかになるまでよく回す。
5 3にくるみ、4、バニラエキストラクトを入れ、粉っぽさがなくなるまで、ざっくりと混ぜる。
6 型に入れ、30分程焼く。
7 焼きあがったらメープルシロップ大さじ1を上に塗り、ミックスナッツをのせる。

※バターなどを使わないケーキは、洗い物も簡単です。

よもぎ団子

春を目と香りで楽しむお団子です。フレッシュなよもぎが手に入らないときは、よもぎ粉でどうぞ。

材料（4人分）
さつまいも…200g
白玉粉…80g
水…80㎖
よもぎ（軟らかい葉）…40g
塩…小さじ⅓
きな粉…大さじ3
黒砂糖粉…適宜
塩…適宜

作り方

1 さつまいもに塩少々（分量外）をふり、蒸してつぶす。

2 よもぎは塩ひとつまみ（分量外）を入れたお湯で色よくゆでて、軽くしぼり、みじん切りにし、水80㎖とミルサーにかけるか、すり鉢でする。

3 白玉粉に2と塩を加え、なめらかになるまでこねる。さらにつぶしたさつまいもを加え、耳たぶの固さにまとめる。（固かったら水を加える）

4 3をお好みの大きさに丸め、沸騰したお湯に入れる。団子が浮いてきたら1～2分そのまま煮て、あみ杓子で取り上げ、水の中へ入れ、すぐにザルに取り上げる。

5 あら熱が取れたら、きな粉に塩少々（分量外）を混ぜたものをまぶす。（お好みで黒砂糖を加える）

※ さつまいもは種類によって固さが違います。まとめてみて軟らかい時には、小麦粉で調整します。

※ ビタミン、ミネラル、食物繊維を多く含むよもぎは、身体に滞った油汚れを排出してくれます。

カスタードクリーム・クレープ

甘酒、米粉を使って、卵を使わないカスタードクリームです。お好みの果物を挟むと、おしゃれなスイーツに。

材料（４人分）

〈クレープ生地〉

小麦粉…70ｇ
ごま油（香りなし）またはサラダ油…小さじ1
塩…小さじ⅕
豆乳（または水）…170㎖

〈カスタードクリーム〉

A
- 玄米甘酒（甘酒）…130ｇ
- 小麦粉…大さじ1
- リブレフラワーホワイト…大さじ1（玄米粉を軽く炒ったもの。米粉を炒ったものでも可）
- くず粉…小さじ1
- 塩…少々
- 豆乳…200㎖

バニラエキストラクト…小さじ½（バニラビーンズから作られたもの）
イチゴ（またはお好みのフルーツ）…1パック

作り方

1 小麦粉に塩を入れ、豆乳（もしくは水）を少しずつ加えながらダマができないように溶く。よく混ぜ、さらに香りなしのごま油を入れ、均一に混ざったら、ラップやふきんをかぶせ30分ほど寝かせてクレープ生地を作る。

2 ミキサーにAを入れて回す。

3 2を鍋に移しかえ中火にかけ、焦がさないように練る。最後にバニラエキストラクトを加え、カスタードクリームを作る。

4 フライパンをあたため、油を薄くなじませ、弱火でクレープ生地を焼く。生地の縁が持ち上がって、ぷくぷくとふくれてきたらひっくり返して、裏も焼く。

5 生地が冷えたら、カスタードクリームとスライスしたイチゴをのせて巻く。

※カスタードクリームは、ジャム代わりにパンにつけるのもおすすめです。

黒ごまプリン

アンチエイジング（若返り）に効果的な抗酸化物質も多く含む黒ごまを、たっぷり使います。

材料（4人分）

黒練りごま…大さじ2
くず粉…10ｇ
粉寒天…2ｇ
豆乳…200㎖
メープルシロップ…大さじ1
水…100㎖

作り方

1　鍋に黒練りごま、くず粉、粉寒天を入れ、ダマにならないよう水を少しずつ加え、練りごまがなめらかに溶けたら豆乳とメープルシロップを入れる。

2　1を混ぜながら火にかける。モロモロに固まり始めたら、弱火で5分ほど練り、水でぬらした型に入れ、冷やし固める。

※甘みはお好みでどうぞ。

春色のクレープ

山芋を使った、もっちもちのクレープです。

材料（4人分）

〈金時あん〉
金時豆…½カップ
黒糖、メープルシロップ等お好みの甘み…適宜
塩…ひとつまみ

〈クレープ生地〉
山芋…120g
小麦粉…120g
よもぎ粉…小さじ2
塩…少々
香りのないごま油またはサラダ油…適宜
水…300ml

作り方

1 金時豆を軟らかく煮て、塩ひとつまみと、お好みの甘みを入れ、8等分する。
2 山芋はすり鉢にこすりつけながらすりおろす。
3 2に塩少々と小麦粉、よもぎ粉、水を加えてのばす。
4 フライパンをあたため、油少々をひいて生地を⅛ずつ入れ、薄くのばして焼く。
5 1をのせて、巻く。
※よもぎ粉の代わりに抹茶もどうぞ。

夏
のレシピ

夏は身体が活動的になる陽性の季節です。

気温が高いので、冷たい飲み物や食べ物などを、つい摂り過ぎてしまいますが、冷たいもので胃腸が冷やされると、消化酵素の働きが悪くなります。

また、水分を多く摂り過ぎることで胃酸が薄まり、うまく消化できなくなります。

冷えは冬場に注意しないといけないと思われがちですが、実は夏に注意が必要です。

健康な状態とは、下半身よりも上半身が冷えている「頭寒足熱」の状態ですが、冷房で血管が冷やされると、冷えた血液が身体中をめぐり、その結果全身が冷えることになります。

特に冷房の効いた室内で働く方は、冷たい空気が部屋の下の方におりてくることで足元が冷えてしまい、上半身に対し下半身がより冷える「冷えのぼせ」状態になり、体調不良を引き起こしてしまいます。

さらに夏場は、熱中症や熱射病にも注意が必要です。水分は一度には吸収できないので、少量ずつをこまめに摂り、水分だけでなく汗で失う塩分を補うために、ミネラルを含む良質の塩も一緒に摂ることが重要です。

マクロビオティックの知恵として、朝起きしなに飲む「梅しょう番茶」や、梅干しを漬けた時に出る「梅酢」を薄めて飲む手当て法もおすすめです。

とうもろこしご飯

お子さんも大好きなとうもろこしが入って、玄米も食べやすくなり食がすすみます。

材料（4人分）

玄米…2カップ
とうもろこし…1本
にんじん…50g
塩…小さじ½
水…3カップ

作り方

1 とうもろこしは実をはずす。

2 圧力鍋に、洗った玄米ととうもろこしの実と芯、水、塩を入れ、中火にかけ、圧力がかかったら弱火で30分炊き、15分程蒸らす。

3 にんじんは1㎝角に切り、鍋ににんじんと水大さじ1ほど（分量外）と塩ひとつまみ（分量外）を入れ、弱火で蒸し煮する。

4 炊き上がった玄米ご飯に3を混ぜる。

※美味しさが詰まったとうもろこしの芯も一緒に炊きましょう。

※にんじんが入り、より色鮮やかです。

ひえとかぼちゃのグラタン

ひえは雑穀の中でも、粒が小さく、身体をあたためる陽性の働きがあるので、冷え性の方におすすめです。

材料（4人分）

スープブレンドビーンズ（レンズ豆など）…25g
ひえ…60g
玉ねぎ…160g
かぼちゃ…240g
豆乳…320㎖
水…200㎖
パン粉…少々
塩…小さじ1¼
ごま油（香りなし、またはサラダ油）…適宜
こしょう…適宜

作り方

1 豆とひえは洗っておく。

2 玉ねぎは薄い回し切り（くし切り）。かぼちゃはいちょう切りにし、蒸しておく。

3 鍋にごま油（香りなし）少々を入れ、玉ねぎをよく炒める。水200㎖と豆を加え、煮る。

4 3に豆乳を加え、沸騰したら塩少々（分量外）とひえを加え、時々かき混ぜながら弱火で5分ほど煮て、蒸らし、塩とこしょうで味をつける。

5 グラタン皿にかぼちゃを並べ、その上から4をかけ、パン粉少々をふり、オーブンで焼き目がつくまで焼く。

かぼちゃのそぼろご飯

お弁当のご飯の上にのせたり、どんぶりご飯の上にのせると、栄養たっぷり、見た目にもきれいなそぼろご飯です。

材料（4人分）
玄米ご飯…茶碗4杯
〈かぼちゃのそぼろ〉
かぼちゃの皮をむいたもの
…150g
木綿豆腐…½丁（150g）
塩…小さじ½
しょう油…3～4滴
〈大根葉のふりかけ〉
大根葉…1把（180g）
炒りごま…大さじ2
塩…小さじ¾
しょう油…小さじ½

作り方

1 かぼちゃは皮をむいて小さめに切り、塩ひとつまみ（分量外）をのせて蒸し、軟らかくなったらフォークの背などでつぶしておく。

2 木綿豆腐は2つに切り、たっぷりのお湯でゆでて、ふきんなどで包み、まな板などをのせて水気を切る。

3 **2**を細かくつぶし、**1**に加え、塩、しょう油で味をつけ、フライパンでポロポロになるまで炒る。

4 大根葉は色よくゆでて細かく切り、水気をよくしぼってフライパンで空炒りし、ごまを加え、塩、しょう油で味をつける。

5 炊き上がった玄米ご飯に**3**と**4**をのせる。

※混ぜご飯にもどうぞ。
※アンチエイジングに効果的といわれるビタミンCやE、カロチンを多く含むかぼちゃ。美肌作りや健康維持に欠かせませんね。

スパゲティ・ボロネーゼ

植物性タンパク質「グルテンバーガー」、豆みそを使ったスパゲティ・ボロネーゼは、意外なおいしさです。

材料(4人分)

- スパゲティ…320g
- 玉ねぎ…100g
- セロリ…50g
- にんじん…50g
- にんにく…1片
- A
  - グルテンバーガー…小1缶
  - ホールトマト…1缶(400g)
  - りんごジュース…1缶(190g)
  - 豆みそ…30g
- オリーブオイル…大さじ1
- しょう油…小さじ2
- 塩…小さじ⅔
- こしょう…適宜
- パセリ…適宜

作り方

1 玉ねぎ、セロリ、にんじん、にんにくはみじん切りにする。

2 鍋にオリーブオイル、にんにくを入れ、火にかけ、香りが出てきたら玉ねぎを入れよく炒める。セロリ、にんじんの順に加え、塩をひとつまみ(分量外)入れ、ふたをして弱火でいい香りになるまで蒸し煮する。

3 2にAを加え、量が⅔程になるまで煮詰め、しょう油、塩、こしょうで味を調える。

4 たっぷりのお湯をわかし、塩(お湯に対して1%の量)を入れ、スパゲティをゆでる。

5 皿にスパゲティを盛り、3をかけ、パセリのみじん切りをふりかける。

※スパゲティの塩加減で、ソースの塩加減も変えます。

※なすを炒めたものにかけても美味しいですよ。多めに作って冷凍しておくと便利です。

ひえととうもろこしの中華風スープ

人気のとうもろこしの中華スープです。
ひえのつぶつぶの食感が鶏肉のミンチのようです。

材料（4人分）
とうもろこしの缶詰…1缶（110g）
玉ねぎ…70g
ひえ…1/5カップ
だし汁…650㎖
ごま油…少々
塩…小さじ1弱
こしょう…適宜
しょうが…5g
くず粉…大さじ1
水…大さじ1

作り方

1 ひえは洗って水を切る。

2 玉ねぎ、しょうがは細かいみじん切りにする。

3 鍋にごま油少々を入れ、しょうがを炒め、香りが出たら玉ねぎを入れ、よく炒める。

4 とうもろこしは2/3の量をミキサーにかける。

5 4と、残りのとうもろこしとひえ、だし汁を3に入れ、沸騰したら弱火にして煮る。塩、こしょうで味を調え、同量の水で溶いたくず粉を入れてとろみをつける。

夏野菜のスープ

うまみ成分のグルタミン酸たっぷりのトマトが入ったスープは、酸味もあって食欲の落ちる夏にぴったりです。

材料（4人分）
玉ねぎ…60ｇ
にんじん…20ｇ
かぼちゃ…60ｇ
トマト…½個
オクラ…2本
だし汁…650㎖
塩…小さじ1弱
ごま油（香りなし、またはサラダ油）…適宜
こしょう…適宜

作り方

1 玉ねぎは回し切り（くし切り）、にんじん、かぼちゃはいちょう切り、トマトは適当な大きさに切る。オクラは輪切りにする。

2 油少々で玉ねぎを炒め、透明になったら、かぼちゃ、にんじんを入れ、塩少々（分量外）を入れ、ふたをして、弱火で蒸し煮する。

3 蒸し煮ができたらだし汁を加え、にんじんが煮えたらトマトとオクラを加え、2〜3分煮て、塩、こしょうで味を調える。

にんじんスープ

カロチンたっぷりのにんじんと、イソフラボン豊富な豆乳を使い、甘くて美味しいスープのできあがりです。

材料（4人分）
にんじん…150g
玉ねぎ…80g
パセリ…少々
小麦粉…大さじ25
だし汁…400ml
豆乳…300ml
ごま油（香りなし）…少々
塩…小さじ1弱
こしょう…適宜

作り方

1 にんじん、玉ねぎは粗いみじん切り、パセリは細かいみじん切りにする。

2 鍋に香りのないごま油を入れ、玉ねぎをよく炒める。にんじんを加えて炒め、塩ひとつまみ（分量外）を入れ、ふたをして弱火で蒸し煮する。

3 **2**にだし汁をひたひたになるまで入れて（分量内）強火にして煮立たせたあと、弱火にして軟らかく煮る。

4 ミキサーに**3**と小麦粉、残りのだし汁を入れ、なめらかになるまで回す。

5 鍋に移して沸騰させ、小麦粉に火が通ったら豆乳を入れ、塩、こしょうで味を調える（豆乳を沸騰させたら火を弱くして煮すぎないこと）。器に盛り、上にパセリを散らす。

※にんじんのカロチンは皮の近くにあるので、皮はむかずに使います。

豆腐のオムレツ・トマトソース

卵アレルギーのお子さんでもおいしくいただけるオムレツです。

材料（4人分）

かぼちゃ（皮を取ったもの）…50g
木綿豆腐…1丁（300g）
玉ねぎ…100g
山芋粉（小麦粉でもOK）…10g
塩…小さじ½

〈トマトソース〉

トマト…200g
玉ねぎ…70g
塩…小さじ½
こしょう…適宜
ごま油（香りなし、またはサラダ油）…適宜

作り方

1 皮を取ったかぼちゃは軟らかく蒸す。

2 木綿豆腐は水気を切る。

3 玉ねぎ100gはみじん切りにし、ごま油少々（分量外）でよく炒める。

4 すり鉢に豆腐とかぼちゃ、山芋粉、塩を入れ、よくすり混ぜる。

5 さらに3を加え混ぜ、4等分し、形を整える。フライパンにごま油（香りなし）を入れ、両面がきつね色になるまで焼く。

〈トマトソース〉

1 玉ねぎ70gは細かいみじん切り、トマトは1㎝角に切る。

2 鍋にごま油（香りなし）少々を入れ、玉ねぎをよく炒める。トマトを加え塩ひとつまみ（分量外）を加え、ふたをして蒸し煮し、味が出たら、ふたをはずして煮詰め、塩、こしょうで味を調える。

3 5にソースをかけていただく。

※トマトがたくさんある時にトマトソースを作って、冷凍保存しておけば、パスタにも重宝します。

きびのコーンクリームコロッケ

豆乳が入ってクリーミーなコロッケです。コーンの代わりに、ひよこ豆などを使っても美味しいです。

材料（4人分）

もちきび…½カップ
玉ねぎ…70g
にんじん…30g
コーン…50g
豆乳…70㎖
湯…200㎖
にんにく…1片
小麦粉…大さじ1
パン粉…適宜
塩…小さじ¼
こしょう…適宜
香りのないごま油
（サラダ油でも可）…適宜
揚げ油…適宜

〈水溶き小麦粉〉

小麦粉…15g
水…30㎖
塩…少々

作り方

1 もちきびを洗い、水を切っておく。

2 玉ねぎ、にんじん、にんにくはみじん切りにする。

3 少しの油でにんにくを炒め、香りが出たら、玉ねぎを加えよく炒める。にんじんを加え、塩をひとつまみ（分量外）入れてふたをし、弱火でにんじんが煮えるまで蒸し煮する。

4 沸騰したお湯に、ひとつまみの塩（分量外）を入れ、きびを入れる。再度沸騰したら底を返し、時々返しながら10分程ふたをして弱火で煮る。

5 最後に豆乳を加え軟らかくなるまで煮る。

6 指で触れられるくらいまできびが冷えたら3とコーン、小麦粉を入れ、塩、こしょうで味を調え、お好みの形にまとめ、水溶き小麦粉、パン粉をつけて揚げる。

※コロッケが軟らかい場合には、パン粉を入れる。

ゴーヤの天ぷら

揚げるとゴーヤの苦みが和らぎ、食べやすくなります。

材料（4人分）
ゴーヤ…1/3本
小麦粉…30g

〈水溶き小麦粉〉
水…60ml
塩…小さじ1/4
揚げ油…適宜

作り方

1 ゴーヤは輪切り、もしくは半月に切り、わたを取る。

2 小麦粉に塩と水を入れ、水溶き小麦粉をまぶしたゴーヤをカリッと揚げる。

※夏の暑さには、苦み（抗酸化ミネラル）のあるゴーヤがおすすめです。

ごぼうときびの和え物

食感を残したごぼうときびに、山椒の風味がマッチして、思わぬ美味しい大人の味です。

材料（4人分）

ごぼう…80ｇ
もちきび…⅕カップ
しょう油…小さじ½

粉山椒　…お好みで
梅酢…2～3滴または塩ひとつまみ
ごま油…少々
水…½カップ

作り方

1 ごぼうの皮はそのまま、太めのささがきにする。

2 もちきびは洗う。

3 鍋をあたため、ごま油少々を入れ、ごぼうをさっと炒め、梅酢または塩を入れて中央に集め、ふたをして蒸し煮する。ごぼうのあく気がいい香りになったら水を入れ固めに煮て、しょう油で味を調える。

4 鍋に水ともちきび、塩ひとつまみ（分量外）を入れ、沸騰したらふたをして、弱火で時々返しながら13分程、きびの芯がなくなるまで炊き蒸らす。

5 3と4を混ぜ合わせ、粉山椒と塩（分量外）で味を調える。

七夕そうめん

見た目にも涼しげで、きれいです。お好みの野菜を入れて、おもてなし料理にいかがでしょうか。

材料（4人分）
そうめん…1.5把
ミニトマト…4〜5個
オクラ…2本
干し椎茸…1枚
粉寒天…4g（1袋）
だし汁…500㎖程度
しょう油…小さじ½＋小さじ½
塩…小さじ⅓＋小さじ1
しょうがのすりおろし…適宜

作り方

1 そうめんの端をたこ糸で、しっかりとしばり、たっぷりのお湯で固まらないようにゆでた後、水に通す。ザルに取り上げ、きれいに伸ばしておく。

2 ミニトマトは輪切り、オクラは塩ゆでして輪切りにする。

3 干し椎茸は千切りにし、だし汁100㎖に塩小さじ⅓、しょう油小さじ½で味をつけたもので煮て、網で取り上げておく。

4 椎茸を煮た汁に500㎖になるまでだし汁を足し、粉寒天を入れて煮溶かし、塩小さじ1、しょう油小さじ½で濃いめに味をつけ寒天液を作る。

5 水でぬらした流し缶に寒天液を底にうっすらと2㎜くらい入れ、固まったら、ミニトマトとオクラを並べ、少し固まったらその上に寒天液をトマトが隠れるくらい流し入れる。

6 同じように干し椎茸を入れ、寒天液を流し入れる。一番上に流し缶の長さに切ったそうめんをのせて、残りの寒天液を入れ冷やし固める。

7 流し缶をひっくり返し、切り分ける。器に盛りつけ、しょうがのすりおろしを上にのせる。

※たこ糸でしばって固まりになったそうめんは、6つ切りくらいにして中火でじっくり揚げると、おいしいかりんとうになります。

トマトとお豆のサラダ

夏のおもてなし料理にぴったり。三種類のお豆でイソフラボンたっぷりのサラダです。

材料（4人分）
ひよこ豆…25g
金時豆…10g
黒豆…10g
玉ねぎ…35g
トマト…100g
きゅうり…100g
梅酢…大さじ⅔
オリーブオイル…大さじ1
塩…適宜
米酢…お好みで

作り方

1 玉ねぎはみじん切りにし、梅酢をかけ、15分以上おき、オリーブオイルを加える。
2 きゅうりは1cm角に切り、塩ひとつまみ（分量外）をまぶし、水気を切る。トマトも適当な大きさに切る。
3 豆は固めに煮る。
4 1に2、3を加え、塩で味を調える。お好みで米酢を入れる。

※豆は水で戻して煮ると早く煮えます。

春雨ときゅうりの梅和え

練りごまと梅干しの相性はぴったり。酸味とコクがあり、食欲の落ちる夏にさっぱり美味しくいただけます。

材料（4人分）

春雨…15g
きゅうり…1本（100g）
干しカットわかめ…4g
梅干し…中1個
練りごま（白）…大さじ1.5
しょう油…小さじ2
だし汁…大さじ1
塩…適宜

作り方

1 きゅうりは薄い小口切りにして塩少々をふり、しばらくおく。干しカットわかめは少しの水で戻し、熱湯にくぐらせ、ザルに取り、歯ごたえよく戻す。

2 すり鉢に種を取り除いた梅干しと練りごま、しょう油、だし汁を入れ、する。

3 きゅうり、わかめは水気をしぼり、春雨は水を切り、縦、横3㎝くらいに切ったものを2に加え、味を調える。

ゴーヤの白和え

夏の心臓の疲れにおすすめなのが、苦みのある野菜「ゴーヤ」です。白和えにすると、苦みがまろやかに食べやすくなります。

材料（4人分）
ゴーヤ…70g
豆腐…⅓丁（100g）
にんじん…20g
白ごま…大さじ2.5
白みそ…30g
塩…適宜

作り方

1 ゴーヤは縦に2つに割り、中の白い部分をスプーンで取り除き、薄く切る。

2 1を沸騰したお湯に入れ、すぐにザルに取り上げる。冷えたら、水気をしぼる。

3 豆腐は多めのお湯でゆでて、浮き上がって来たらザルに取り上げて水気を切る。

4 豆腐をゆでたお湯に塩をひとつまみ入れ、にんじんを塩ゆでする。

5 すり鉢に白ごまを入れ、する。みそを入れ、さらによくすり、豆腐を加えて、すり混ぜる。

6 5に2とにんじんを入れ和える。

※ 白ごまの代わりに練りごまも使えます。

※ 青菜の少ない季節に、ゴーヤの緑は色鮮やかでさわやかです。

ひじきとトマトのサラダ

ひじきに赤と緑の野菜の色が映えます。ひじき煮が残った時にも、簡単にリメイクできる一品です。

材料(4人分)
芽ひじき…7g
しょう油…小さじ2
トマト…中1個(130g)
きゅうり…中1本(100g)
大葉…2~3枚
梅酢…小さじ½
香りのないごま油または
　サラダ油…小さじ1
ごま油…大さじ½
塩…適宜

作り方

1 芽ひじきはさっと洗い、水で戻し、ザルに取り上げる。

2 トマトは1㎝角に切る。きゅうりは薄い輪切りにし、塩少々をふり、水分が出たら軽くしぼる。大葉は細切りにする。

3 鍋にごま油を入れ、芽ひじきを炒め、水分が飛んだら、ひたひたまで水を入れ煮る。ひじきが煮えたらしょう油を入れ、うすく味をつけ、水分をとばす。

4 ボールにひじきを入れ、冷えたら2を混ぜ、梅酢、香りのないごま油を入れ、塩で味を調える。

※ひじきは全身に酸素を運ぶ赤血球を強化する鉄分を多く含むので、貧血予防にも効果的です。
※トマトときゅうりで、ひじき煮をさっぱりといただけます。

夏野菜のサラダ・玉ねぎドレッシング

玉ねぎに梅酢をかけてしばらくおくと、玉ねぎの辛みがうまみに変わり、おいしいドレッシングになります。

材料（4人分）
玉ねぎ…70g
梅酢…大さじ1
りんごジュース…大さじ2
バルサミコ酢…大さじ1
香りのないごま油（またはサラダ油）
…大さじ1
塩…適宜
こしょう…適宜
トマト…1個
きゅうり…½本
オクラ…4本
サニーレタス…3枚

作り方

1 玉ねぎは細かなみじん切りにして梅酢をかけて15分以上おく。

2 **1**にりんごジュース、バルサミコ酢、香りのないごま油を加え、塩、こしょうで味を調え、玉ねぎドレッシングを作る。

3 トマト、きゅうりはお好みの形に切る。オクラは色よくゆで斜め切りにする。サニーレタスは適当な大きさに切る。

4 **3**を器に盛り、ドレッシングをかけていただく。

※バルサミコ酢の代わりに、米酢を使ってもいいですよ。その場合はりんごジュースを多めにすると甘みがでます。

※ドレッシングの材料をミキサーにかけると、また違う食感になります。

切り干し大根とふのりのサラダ

食物繊維たっぷりの切り干し大根と、結石を溶かしてくれるふのりのサラダは、箸休めにも、さっぱりといただけます。

材料（4人分）
切り干し大根…20g
わかめ…15g
ふのり…5g
にんじん…20g
ごま…大さじ1
〈ドレッシング〉
A
梅酢…大さじ½
ゆず酢…大さじ½
ごま油…大さじ½
しょう油…大さじ½
塩…適宜

作り方

1 切り干し大根はさっと洗い、ひたひたの水で5分程戻す。軟らかくなったらザルに上げ水をしぼり、から炒りし、Aを混ぜ合せたドレッシングの½の量を混ぜる。

2 わかめは沸騰したお湯にくぐらせ戻す。ふのりはさっと洗い水を切る。

3 にんじんは千切りにして塩少々を入れ、水大さじ1（分量外）を鍋肌から入れ蒸し煮する。

4 **1**、**2**、**3**を合わせ、残りのドレッシングで和える。最後に切りごまを混ぜる。（にんじんは色よく塩ゆでしてもいいですよ）

※切り干し大根の戻し汁は甘くて美味しいので、スープやみそ汁、煮物にお使いいただけます。
※ごまを包丁で切ると、栄養の吸収がよくなります。

紫陽花菓子

うっとうしい梅雨の時期に、色とりどりに咲く紫陽花の花を、食卓にも咲かせましょう。

材料（4人分）
豆乳…200㎖
粉寒天…小さじ1弱（2g）
水…50㎖+50㎖
くず粉…10g
甘み（はちみつ、てんさい糖など）…適宜
〈三色の寒天〉
みかんジュース…50㎖
ぶどうジュース…50㎖
よもぎ粉…小さじ½
粉寒天…小さじ¼×3
水…50㎖

作り方

1 鍋に水50㎖と粉寒天小さじ1弱（2g）を入れ、火にかけ沸騰したら弱火でふたをして煮溶かす。

2 豆乳を加え、さらにくず粉を水50㎖で溶かしたものとお好みの甘みを加え、木べらで混ぜながら火を入れる。

3 モロモロに固まってきたら5分程練り、水で濡らした型に入れ固める。

4 三色の寒天を作る。3つの小鍋にそれぞれ、みかんジュース、ぶどうジュース、水50㎖によもぎ粉小さじ½を溶かしたものを入れる。三種類それぞれに粉寒天小さじ¼を入れて、煮溶かし、水でぬらした平らな器に薄く入れ固め、三色の寒天を作る。

5 4が固まったら、縦、横5㎜角に切り、バラバラにする。

6 3を器に盛り、その上から4をかける。

※ 寒天は色が移るので、盛り付ける時に合わせます。

バナナプリン

寒天とくず粉で、ゼラチンのような食感になります。砂糖は使っていませんが、バナナと甘酒のやさしい甘みが美味しいプリンです。

材料（4人分）

粉寒天…2g
水…50㎖

A
- 豆乳…250㎖
- バナナ…½本
- 甘酒…70g
- くず粉…大さじ1.5
- レモン汁…小さじ½
- 塩…ひとつまみ

作り方

1 鍋に水と粉寒天を入れ、火にかけ煮溶かす。
2 ミキサーにAを入れ回す。
3 1に2を入れて、焦がさないように底を混ぜながら火にかけて、沸騰したら弱火で5分ほど火を入れる。
4 水でぬらした器に入れて冷やし固める。

梅肉エキスゼリー

酸っぱい味が苦手なお子さんにも美味しく食べてもらえるように、体調を整えるのに効果的な梅肉エキスを、美味しいゼリーにしました。

材料（4人分）

梅肉エキス…耳かき3杯くらい
くず粉…25g
水…300㎖

米あめ…大さじ3
水…大さじ3
塩…ひとつまみ

作り方

1 鍋に水とくず粉を入れよく溶かし、混ぜながら火にかける。

2 くずに透明感が出て、モロモロに固まってきたら、梅肉エキスを入れ5分程練り、水でぬらした器に入れる。

3 小鍋に米あめと同量の水、塩を入れ火にかけて煮溶かし、蜜を作る。

4 2に3をかけていただく。

秋のレシピ

秋は暑いかと思ったら急に冷えたりと、寒暖の差が激しい季節です。

特に夏の間、体を冷やす食べ物や飲み物が多かった場合、体が変化についていけず、風邪をひくなど体調を崩しやすくなります。

よく、「秋は髪の毛が抜けやすい季節」だといわれますが、これも夏に冷たい物を摂り過ぎたことによるものです。冷えによって腎・膀胱系が弱ったことによる症状で、産後の女性の髪が抜けやすいのと同じです。

陰陽五行では、秋は、肺・大腸系が弱るといわれています。

肺と大腸には網の目のようにリンパ管が張り巡らされています。

血管が新鮮な血液を運び、リンパ管が細胞から吐き出された二酸化炭素や老廃物などを肝臓に運んでくれます。

そのため、リンパ管の流れが悪くなると、血液中の老廃物の処理がうまくできなくなる目詰まり状態となり、鼻水や咳、たん、喘息などで体外に出そうとします。

特に牛乳や油ものはリンパ管の目詰まりを起こしやすい食べ物なので、摂り過ぎに注意しましょう。

一方、秋に実るお米や雑穀、そばには、来るべき冬の寒さに負けないように、夏の太陽のエネルギーのでんぷんが、たっぷり詰まっています。

美味しいフルーツもたくさん実りますが、食べ過ぎると果糖の摂り過ぎにより、体を冷やしてしまいます。

食欲の秋、つい食べ過ぎてしまいがちですが、それぞれ、運動量や体調に応じて、腹八分目を心がけると元気でいられます。

玄米きのこリゾット

いつもの玄米ご飯が、オリーブオイルときのこで、ひと味違った美味しいイタリアンの一品に生まれ変わります。

材料(4人分)

玄米…1カップ
玉ねぎ…100g
えのき…½袋
しめじ…100g
干し椎茸…2枚
セロリ…30g
にんにく…一片
オリーブオイル…大さじ1
油あげ…½枚
水…5カップ
塩…小さじ1
こしょう…適宜

作り方

1 玄米は洗っておく。玉ねぎはみじん切り。えのきは3等分に切り、根元はバラバラにする。しめじは小房に分け、干し椎茸は水で戻し細切りにする。

2 にんにくはみじん切り、セロリは小口切りにする。油あげは油抜きし横半分に切り、細切りにする。

3 圧力鍋を人肌にあたため、オリーブオイルを入れ、にんにくを炒める。にんにくの香りが出たら、玉ねぎをよく炒める。

4 えのき、しめじ、干し椎茸、セロリを加え炒め、きのこがしんなりしたら、さらに油あげと玄米を加え、炒める。

5 水と塩少々(分量外)を加え、強火にかけ、沸騰したら弱火で20分炊き、火を消し、圧が抜けたら塩、こしょうで味を調える。

※ 水を入れた時、圧力鍋の半分以上になる場合は、初めに入れるのは半分までにし、圧が抜けて、ふたを取った時に、残りを加えます。

里芋ご飯

里芋がほっこりと美味しい、秋の炊き込みご飯です。

材料（4人分）

玄米…2カップ
水…3カップ
里芋…120g
干し椎茸…2枚
油あげ…½枚
にんじん…25g
ごぼう…25g
塩…小さじ1
しょう油…大さじ⅔
ごま油…少々

作り方

1 里芋は皮をむき、2㎝角に切り、塩ひとつまみ（分量外）をまぶしておく。

2 干し椎茸は水で戻し千切り、油あげは油抜きし、千切り。にんじんは千切り。ごぼうはささがき。

3 圧力鍋にごま油少々を入れ、ごぼうを入れ混ぜる。ひとつまみの塩（分量外）を入れ、中央に集め、ふたをしていい香りがするまで蒸し煮する。

4 椎茸、油あげ、里芋、にんじんを加え炒め、火を消す。玄米と水を入れ、塩、しょう油で味をつけ、中火にかけ、圧力がかかったら弱火で30分炊き、15分蒸らし混ぜ合せる。

※ 里芋は大きめに切ると、形が崩れません。

※ 里芋の皮は、揚げてチップスにどうぞ。

玄米巻き寿司

甘いすし飯が苦手な方も、梅酢で作ったすし飯はあっさりと食べやすく、梅酢効果で傷みにくくなります。

材料（4人分）
炊いた玄米ご飯…2カップ分
（約700g）
梅酢…大さじ1強
米酢…適宜
高野豆腐…2個
だし汁…300㎖
しょう油…小さじ½
塩…小さじ½
みりん（お好みで）…小さじ½
きゅうり…1本
にんじん…60g
大葉…5枚
板のり…3枚
塩…適宜
しょう油…適宜

作り方

1 炊いた玄米に梅酢を混ぜ、すし飯を作る。（さっぱりとした酢飯にするときは米酢を加えます）

2 高野豆腐はさっと水にくぐらせ、湿ったら縦長に7等分にし、沸騰しただし汁300㎖に、塩小さじ½、しょう油小さじ½、みりん（お好み）小さじ½で味を調えたもので煮て、軽くしぼる。

3 きゅうりは板ずりにし、縦6等分に切る。大葉は半分に切る。

4 にんじんは太めの千切りにしてごま油少々（分量外）で炒め、塩ひとつまみ（分量外）を加えてふたをして蒸し煮し、塩ひとつまみ（分量外）、しょう油少々で味をつけ、色きんぴらを作る。

5 巻きすの手前に海苔を置き、向こう側1.5㎝ほど残し、すし飯をのせ、大葉、高野豆腐、きゅうり、にんじんをのせて巻く。

6 10等分に切り分ける。

※すし飯は時間がたつと味が薄くなるので、濃いめに味付けします。

マカロニグラタン

パーティーにもあるとうれしい一品。野菜の甘みとしめじのうまみの二重奏です。

材料（4人分）
マカロニ…80g
玉ねぎ…200g
かぼちゃ…150g
しめじ…1パック（100g）
だし汁…½カップ
豆乳…1カップ
玄米粉（または米粉）…大さじ2
塩…小さじ¾
こしょう…適宜
パン粉…少々
ごま油（香りなし）またはサラダ油…大さじ1

作り方

1 玉ねぎは薄い回し切り（くし切り）、かぼちゃは5㎜のいちょう切り。しめじは石づきを取りバラバラにする。玄米粉はきつね色になるまで炒っておく。

2 鍋をあたためごま油を入れ、玉ねぎをよく炒める。

3 さらにしめじ、かぼちゃを炒め合わせ、塩少々（分量外）を入れ、ふたをして、弱火で蒸し煮する。

4 だし汁を加え、かぼちゃが煮えたら、炒った玄米粉を豆乳で溶いたものと合わせ、とろみがつくまで煮る。（玄米粉がダマにならないよう豆乳は少しずつ加える）

5 マカロニは沸騰したお湯500㎖（分量外）に塩小さじ1（分量外）を入れ、固めにゆでる。4と混ぜ合わせ、塩、こしょうで味をつける。

6 グラタン皿に入れ、パン粉少々をふり、焦げ目がつくまでオーブンで焼く。

※ 玄米粉の代わりに、小麦粉でとろみをつけてもいいですよ。

車麩の串カツ

パーティや行楽のお供にも大人気の一品です。

材料（12本分）
車麩…2枚
玉ねぎ…小1個
なす…1㎝幅輪切り12枚
だし汁…1カップ
にんにく…少々
しょうが…少々
塩…小さじ¼
しょう油…大さじ1
串…12本
パン粉…適宜
揚げ油…適宜
〈水溶き小麦粉〉
A ┌小麦粉…40g
　│水…80㎖
　└塩…ひとつまみ

作り方

1 だし汁を塩、しょう油ですまし汁の味より少し濃い程度で味を調え、お好みでしょうがやにんにくのすりおろしたものを加え、車麩を軟らかくなるまで浸す。

2 玉ねぎを12等分にくし切りしたものとなすに塩（分量外）をふりかける。

3 車麩を6つに切って軽く水気をしぼる。

4 玉ねぎとなす、車麩を串に刺し、Aを合わせた水溶き小麦粉、パン粉をつけて揚げる。

※ 小さいお子さんには串には刺さずに、そのまま揚げてくださいね。

※ かぼちゃなどを刺しても美味しいですよ。（かぼちゃは事前に少し蒸しておくと、串に刺しやすく火が通りやすいです）

※ 車麩は高たんぱくなのに低カロリーなので、ダイエット中や、脂肪の気になる方にもおすすめです。

れんこんのうなぎもどき

れんこんがもっちりした食感で、海苔の風味も効いて、見た目にも楽しい美味しい蒲焼きです。

材料（4人分）

れんこん…130g
玉ねぎ…50g
小麦粉…30g
板のり…⅛枚×8枚
塩…ひとつまみ

〈タレ〉

だし汁…60㎖
みりん…大さじ2
しょう油…大さじ2
くず粉…大さじ½
揚げ油…適宜
粉山椒…適宜

作り方

1 れんこんは皮ごとすりおろす。
2 玉ねぎはみじん切りにする。
3 れんこん、玉ねぎ、小麦粉と塩ひとつまみを混ぜる。
4 板のりを縦半分に切り、それをまた、横4等分にし、一切れごとに3を7～8㎜の厚さにのばす。矢羽根のように、爪楊枝の背などで筋目を入れ、のり面の方を下にして揚げる。
5 鍋にくず粉、だし汁、みりん、しょう油を混ぜ、くず粉が溶けたら、混ぜながら弱火にかけ、とろみをつける。
6 4を5につける。お好みで粉山椒をふる。

車麩とかぼちゃの煮物

素揚げした車麩にはコクが出て、野菜のうま味もたっぷりの煮物になります。

材料(4人分)
かぼちゃ…250g
大根…150g
にんじん…40g
車麩…2枚

だし汁…4カップ
塩…小さじ1
しょう油…小さじ2
みりん…お好みで
揚げ油…適宜

作り方

1 かぼちゃは4等分、大根は半月切り、にんじんは花形、もしくは半月に切る。

2 車麩はきつね色になるまで素揚げし、1枚を4等分に切る。

3 だし汁を沸騰させ、しょう油、塩、みりん(お好みで)で味をつける。大根を入れ七分通りに煮えたら、車麩とにんじん、かぼちゃを入れ、煮含める。

※味見をするときは、塩角が取れるように一旦煮立たせましょう。

はす豆腐

れんこんは咳止め、くずは自律神経を整えるなど薬効がたっぷり。お吸い物に入れてもいいですよ。

材料（4人分）
れんこん…40g
くず粉…20g
だし汁…200㎖
塩…少々
わさび…お好みで

作り方

1 れんこんは皮ごとをすりおろす。
2 鍋にだし汁、くず粉、塩を入れ溶かす。
3 2に1を加え、混ぜながら中火にかけ、モロモロに固まってきたらしばらく練る。
4 流し缶に水を通し、3を入れ自然に冷ます。
5 切りわけ、わさびじょう油や、だしじょう油など、お好みでかけていただく。

※ミネラルたっぷりのれんこんの節ごとお使い下さい。

小松菜の磯和え・みょうが風味

小松菜とのりの色合い、そして、みょうがの風味が箸をすすめます。みょうがなしでも美味しくいただけます。

材料（4人分）
小松菜…1把（200g）
焼きのり…1枚
みょうが…1〜2個
しょう油…大さじ1
塩…適宜

作り方

1 焼きのりは細かくちぎる。みょうがは千切りにする。

2 小松菜は色よく塩ゆでし、ザルに取り上げ2〜3㎝に切りしぼる。小松菜にしょう油小さじ½（分量外）をふりかけてしばらくおき、水気が出たら再度軽くしぼる。

3 しょう油大さじ1で味を調え、ちぎった焼きのりと、みょうがの千切りを混ぜる。

かぼちゃの高野豆腐ソースかけ

良質のタンパク質たっぷりで、くずでのどごしをよくした高野豆腐のソースは、離乳食や介護食にもおすすめです。

材料（4人分）
かぼちゃ…250g
高野豆腐…1個
くず粉…小さじ1
水…小さじ1
だし汁…400㎖
塩…小さじ¼
しょう油…小さじ1

作り方

1 かぼちゃはお好みの大きさに切り、高野豆腐はそのまますりおろす。

2 鍋にだし汁を入れ沸騰させ、塩、しょう油で味をつける。かぼちゃを入れ軟らかく煮る。

3 **2**の煮汁から100㎖を取り、高野豆腐のおろしたものを入れ、しばらく煮て、高野豆腐に火が通ったら同量の水で溶いたくず粉を入れ、とろみをつける。

4 皿にかぼちゃを盛りつけ、**3**を上からかける。

※天日干しした高野豆腐は、ビタミンDも含み、タンパク質と合わさってカルシウムの吸収もよくなります。

※凍結乾燥させて作られた高野豆腐は、消化吸収がよく、亜鉛も多く含むので、胃腸の弱い方や肌荒れが気になる方にもおすすめです。

れんこんと柿の酢みそ和え

秋の味覚「柿」の甘みを活かした酢みそ和えは、さっぱりとした甘みで美味しくいただけます。晩秋からは干し柿でどうぞ。

材料（4人分）
れんこん…80g
玉ねぎ…80g
柿…小1個
水菜…70g
水…1カップ
梅酢…小さじ½
〈和え衣〉
梅干し…小さじ1
米みそ…大さじ1
練りごま…大さじ1
米酢…小さじ4
だし汁…大さじ1
塩…適宜
香りなしごま油
またはサラダ油…適宜

作り方

1 れんこんは薄いいちょう切り、玉ねぎは薄めの回し切り（くし切り）、柿は薄めの拍子切りにする。水菜は色よくゆで、2㎝くらいに切り、水気をしぼる。

2 1カップの水を沸騰させ、梅酢小さじ½を加えたものにれんこんを入れゆで、ザルに取り上げる。

3 鍋をあたためごま油（香りなし）少々を入れ、玉ねぎをさっと炒め、塩少々を入れ、色が変わるまでふたをして蒸し煮する。

4 すり鉢に梅干しの果肉を入れてする。米みそ、練りごま、米酢、だし汁を加えて混ぜる。

5 れんこん、水菜、玉ねぎ、柿を入れ、混ぜ、味をみて塩で調える。

※ れんこんをゆでた汁は、お飲みいただけます。気管の弱い方におすすめです。

海苔風味のきんぴられんこん

いつものきんぴられんこんに海苔をのせると、ご飯がすすみます。

材料（4人分）

れんこん…100g
焼き海苔…½枚
梅酢…2～3滴、
　もしくは塩ひとつまみ
ごま油…小さじ1
しょう油…小さじ1
みりん（お好みで）…小さじ½
塩…適宜

作り方

1 れんこんは皮付きのまま、いちょう切りにする。焼き海苔は細かくちぎっておく。

2 フライパンにごま油を熱し、れんこんを入れ炒め、梅酢を2～3滴落とし、中央に集め、ふたをして弱火で蒸し煮する。

3 れんこんに火が通ったら、しょう油、塩で味をつける。（お好みでみりんを入れる）

4 器に盛り付け、焼き海苔をのせる。

里芋の皮のチップス

おやつに、おつまみに、手が止まらないおいしさです。

材料（４人分）
里芋の皮…適宜
塩…適宜
小麦粉…適宜
水…適宜
揚げ油…適宜

作り方

1 里芋は表面をたわしできれいに洗って厚めに皮をむき、塩少々をふる。

2 水分が出てきたら小麦粉をまぶし、中火でカリッと揚げる。（小麦粉を多めに入れ、水を足して揚げると、冷めてもカリッとします）

※ 味付けの塩は、小麦粉に入れても、後からふってもＯＫ。

三色お月見団子

お月様もお子さんも喜びそうな三色のお団子です。串に刺して団子三兄弟にしても楽しいですね。

材料（４人分）
白玉粉…１００g
にんじん…30 g
抹茶…小さじ½
小豆…⅓カップ
昆布…３㎝×10㎝
米あめ…適宜
メープルシロップ…適宜
塩…小さじ¼

作り方

1 白玉粉に塩を加え、３等分にする。にんじんはすりおろす。それぞれ、にんじんのすりおろし汁と水、抹茶と水、水のみを加え、丸めてひび割れないくらいの固さに４個ずつに丸める。（水は、まとめながら、少しずつ加えていく）

2 沸騰したお湯に**1**を入れ、ゆでて浮き上がってきたら水に入れ、すぐにザルに取り上げる。

3 鍋に小豆と小さく切った昆布を入れ、煮えたら塩ひとつまみ（分量外）を入れ、しばらく煮て、米あめ、メープルシロップ等で甘味をつける。

4 器に盛り、**3**をかける。

※にんじんのしぼりかすは、天ぷらやクッキー、ご飯に入れて炊くなどして使えます。

※抹茶の代わりによもぎ粉、にんじんの代わりにかぼちゃなどでも美しい色が出ます。

おからケーキ

食物繊維たっぷりのおからが入って、しっとりとした食感に仕上がります。

材料(18㎝丸型)

小麦粉(薄力粉)…140g
ベーキングパウダー(アルミニウムオフ)…小さじ1.5
くるみ…20g
りんご…½個
おから…50g
レーズン…30g
水…大さじ1

A
りんごジュース…70㎖
豆乳…50㎖
メープルシロップ…大さじ1.5
なたねサラダ油…大さじ2
バニラエキストラクト…小さじ⅔
塩…少々

作り方

1 小麦粉(薄力粉)とベーキングパウダーを混ぜ、粉ふるいにかける。

2 くるみは粗みじん切りにする。おからはパラパラになるまで、空炒りする。レーズンは小鍋に入れ、水大さじ1を加え、ひと煮立ちさせる(鍋を傾けて、水のある側にレーズンを寄せて沸騰させる)。戻ったら粗みじんにする。

3 りんご½個は5㎜角に切り、小鍋に塩少々(分量外)と水大さじ1を入れ、りんごが煮えるまでふたをして弱火で蒸し煮する。

4 1にくるみとおからを入れ、よく混ぜ、さらにレーズンとりんごを加える。

5 Aをよく混ぜ合わせ、4に入れ、粉っぽさがなくなるまで混ぜる。(あまり混ぜすぎない)

6 5を型に入れ、180℃で30分オーブンで焼く。

※おからは多めに炒っておくと、クッキーなどにも使えます。

さつまいものいがぐり揚げ

さつまいもとりんごの団子に、そうめんのイガをつけたら、可愛い「いがぐり」のできあがり！　食卓が、たちまち秋の装いです。

材料（15個分）

さつまいも…200g
レーズン…35g
りんご…½個

小麦粉…70g
そうめん…1把（50g）
水…1.5カップ
塩…ひとつまみ
揚げ油…適宜

〈水溶き小麦粉〉

A ［小麦粉…20ml
水…40ml
塩…少々

作り方

1 さつまいも、りんごは1cmの角切り、レーズンは粗みじんにする。

2 そうめんは2cmくらいの長さに手で折っておく。

3 鍋に1と水1.5カップ、塩ひとつまみを入れ、火にかける。さつまいもが軟らかくなるまで煮て、軽く水分をとばし、冷やす。

4 3に小麦粉を混ぜて15等分にし、丸める。

5 4にAを混ぜ合せた水溶き小麦粉をつけ、そうめんをふりかけながら、栗のいがのようにつけ、揚げる。

ひえとりんごのドーナッツ

かみごたえがあり、りんごとレーズンの優しい甘みのドーナッツは、お子さんのおやつにもぴったりです。

材料（4人分）
ひえ…½カップ
レーズン…50ｇ
小麦粉…1カップ
塩…小½
りんご…½個
水…適宜

作り方

1 鍋に100㎖の水とレーズンを入れ、火にかけ沸騰したらすぐに火を消す。レーズンが軟らかくなったらザルに取り上げ、粗みじん切りにし、小麦粉と混ぜ合わせる。戻し水はとっておく。りんごは5㎜角に切る。

2 戻し水に200㎖になるまで水を加える。

3 なべに**2**とひえ、りんご、塩を入れて沸騰させ、ひえが煮えるまでふたをして弱火で5分程炊き、蒸らす。（時々、混ぜる）

4 鍋に手が入るぐらいまで冷まし、小麦粉とレーズンを合わせたものを加え、お好みの形にまとめ、揚げる。

おいもたっぷり蒸しパン

さつまいもとレーズンの優しい甘みだけなので、軽食や、お子さんのおやつにもぴったりです。

材料（4人分）
さつまいも…200g
くるみ…20g
レーズン…40g
小麦粉…150g
塩…小さじ⅔
水または豆乳…180㎖弱
ベーキングパウダー（アルミニウムオフ）…小さじ1.5

作り方

1 さつまいもは1㎝角に切り、1〜2分程水にさらしアクを取り、ザルに取り上げ水を切る。くるみは粗くきざむ。小麦粉はベーキングパウダーと混ぜて一緒にふるっておく。（小麦粉は薄力粉、中力粉、どちらでもOK）

2 小鍋にレーズンと、水大さじ2（分量外）を入れ、ひと煮立ちさせたらレーズンはザルに取り上げ、粗みじんにする。（戻し水はとっておく）

3 小麦粉にさつまいもとくるみ、レーズンを混ぜる。

4 戻し汁と合わせて180㎖になるまで豆乳を加え、3とざっくりと混ぜ合わせ、粉っぽさがなくなったらアルミカップに入れ15分蒸す。（ケーキ型に入れて蒸す場合は、さつまいもが煮えるまで30分程蒸す）

※種子島紫や、にんじんいもなど、色の違うさつまいもを入れると、彩りがきれいです。

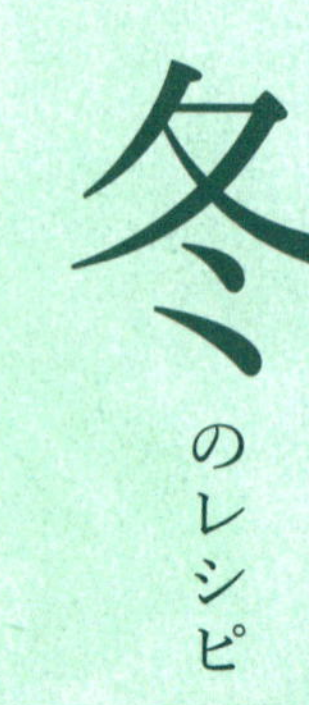

冬のレシピ

寒い冬は、人も動きが鈍くなります。

そのため、日常生活では汗をかかないので、摂取した水分は腎臓、膀胱のみで代謝することになり、腎臓への負担が大きくなり疲れやすくなります。

さらに、寒さにより腎臓が弱った状態で、身体を冷やす白砂糖や甘い果物などを摂り過ぎると、骨や歯などからカルシウムを奪うので、骨がもろく、骨折しやすくなる、髪のつやがなくなる、抜け毛が増えるなど、骨や髪に症状がでたりします。

また、耳の不調にもつながり、耳鳴りや難聴、中耳炎などにもなりやすくなります。

水分の摂り過ぎも腎臓の弱りにつながります。

たとえ温かい飲み物でも、時間が過ぎると冷えるので、身体の冷えや腎臓が弱る原因にもなります。水分の摂り過ぎにも注意が必要です。

腎臓の調子を整える食べ物では豆類がおすすめですが、そのなかでも特に小豆がおすすめです。

小豆に含まれるプロビタミンCは、でんぷんにガードされ体内に入り、胃酸に出合って初めてビタミンCに合成されます。

そのため、果物のビタミンCのように酸や熱に分解されないので、とても効率よく使われて、骨や歯、髪の毛を作る材料となるコラーゲンを活性化します。

また、カルシウムやマグネシウムなどの微量ミネラルを多く含む昆布やひじきは血液の質をよくしてくれるので、髪を黒くし顔色をよくしてくれます。

寒いからといって、室内にこもってばかりでなく、春に向けて散歩やストレッチなど身体を動かすことも大切ですね。

ひよこ豆とひじきの玄米炊き込みご飯

ひじきとひよこ豆がベストマッチ。ひよこ豆のほくほくした食感がたまりません。

材料（4人分）

玄米…2カップ
ひよこ豆…1/5カップ
ひじき…5g
干し椎茸…2枚
にんじん…30g
水…3カップ
ごま油…少々
塩…小さじ1
しょう油…大さじ2/3

作り方

1 玄米は洗い、ひよこ豆は水で戻しておく。ひじきは爪で切れるくらいに水で戻して、縦、横2〜3㎝に切る。

2 干し椎茸は水で戻して千切り、にんじんは太めの短めに千切りにする。

3 圧力鍋にごま油を入れ、強火でひじきを炒め、水分がとんだら、椎茸、にんじんと炒め、火を消す。

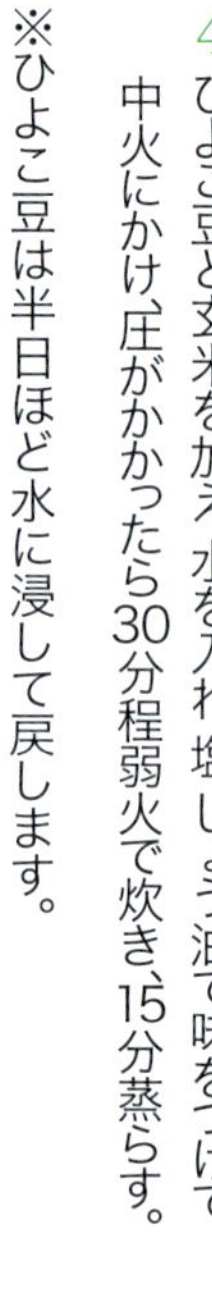

4 ひよこ豆と玄米を加え、水を入れ塩、しょう油で味をつけて中火にかけ圧がかかったら30分程弱火で炊き、15分蒸らす。

※ひよこ豆は半日ほど水に浸して戻します。

そばがき納豆のせ

小腹が空いたときや、ご飯が足りない時、手軽にできて便利です。

材料（1～2人分）

そば粉…50ｇ
熱湯…60～65㎖
納豆…適宜
小ねぎの小口切り…適宜
大根おろし（お好みで）…適宜
塩…ひとつまみ
しょう油（お好みで、だしじょう油）…適宜

作り方

1 鍋や大きめのどんぶりに、そば粉と塩を入れ、熱湯をそそぎ、大きく手早くかき混ぜて、そばがきを作る。

2 そばがきを器に入れ、納豆、ねぎをのせ、しょう油やだしじょう油をかける。

※お好みで、大根おろしものせると消化しやすくなり、美味しいですよ。

そば米リゾット

そば米は、血管に弾力を持たせるルチンや食物繊維を多く含むので、血圧が気になる方にもぜひ食べていただきたいものです。また、たんぱく質も多いので、料理にコクを出し、腎系を整える働きがあるとされています。

材料（4人分）

そば米…¾カップ
水…450㎖
（そば米の3倍の量）
大根…100g
にんじん…50g
ごぼう…30g
油あげ…½枚
干し椎茸…3枚
だし汁…4カップ
ごま油…少々
塩…小さじ2
しょう油…小さじ2
梅酢…適宜
小ねぎ…2本

作り方

1 そば米は洗う。鍋に水とそば米を入れ、火にかけ、沸騰したら火を消し、ふたをして蒸らす。

2 ごぼうはささがき、大根、にんじんはいちょう切り、油あげは油抜きし、細切りにする。干し椎茸は水で戻し細切りにする。

3 鍋を人肌まであたため、ごま油を入れる。ごぼうを入れ混ぜ、ごぼうに油がまわったら、塩ひとつまみ（分量外）か梅酢2～3滴（分量外）を入れ中央に集め、ふたをして弱火で蒸し煮する。

4 ごぼうから甘い香りがしてきたら、さらに椎茸、大根、にんじん、油あげと一つずつ混ぜながら加え、塩ひとつまみ（分量外）を加え、ふたをして野菜がいい香りがするまで蒸し煮する。

5 だし汁を加え、沸騰したら1を入れ、塩、しょう油で味をつける。

6 小ねぎの小口切りをのせていただく。

吉野汁

根菜類はしっかり火を通し、くず粉でとろみをつけた吉野汁は身体があたたまります。

材料（4人分）

里芋…80g
大根…80g
にんじん…25g
れんこん…25g
油あげ…½枚
ごま油…少々
だし汁…700㎖
塩…小さじ⅔
しょう油…大さじ½
くず粉…大さじ1
水…大さじ1
小ねぎ…1本

作り方

1 里芋は皮をこそぎ取り、塩少々（分量外）をまぶしておく。油あげは、沸騰したお湯に30秒ほど入れて油抜きし、細切りにする。小ねぎは小口切りにする。

2 里芋は半月切り、大根、にんじん、れんこんはいちょう切りにする。

3 鍋をあたため、ごま油を入れ、里芋、大根、にんじん、れんこん、油あげを炒め、塩ひとつまみ（分量外）を入れ、ふたをして弱火で蒸し煮する。

4 3にだし汁を入れ、野菜を軟らかく煮る。

5 塩としょう油で味を調え、くず粉を同量の水で溶いて入れ、とろみをつける。

6 器に入れ、小ねぎをのせる。

※ 里芋のねばりは胃を保護する働きがあるので、洗わずそのまま使います。

里芋チキン

里芋がチキンのようになります。クリスマスやパーティーにも楽しく、食卓を豪華に飾る一品です。

材料（4人分）

里芋…200g
玉ねぎ…80g
にんじん…25g
干し椎茸…2枚
小麦粉…大さじ2
パン粉…大さじ2
片栗粉…適宜
塩…小さじ½
しょう油…小さじ1

〈チキンの芯〉

太めのごぼう…32㎝
ごま油…少々
梅酢…2〜3滴（または塩ひとつまみ）
しょう油…小さじ1
塩…少々
水…適宜
揚げ油…適宜

作り方

1 里芋を蒸し、皮をむき、つぶす。

2 玉ねぎ、にんじんはみじん切り。干し椎茸は水で戻し、みじん切り。

3 玉ねぎは、甘くなるまでよく炒める。椎茸、にんじんを加え炒め、ひとつまみの塩（分量外）を入れ、ふたをしてにんじんが煮えるまで蒸し煮する。

4 つぶした里芋に3と小麦粉、パン粉を混ぜ、塩、しょう油で味を調える。（まとまらなかったらパン粉を入れる）

5 チキンの芯を作る。ごぼうを8㎝に切り、縦2つに切る。（細いごぼうは丸のまま使う）

6 小鍋をあたため、ごま油少々を入れ、5を入れ混ぜ、梅酢（または塩）を入れ、こぼうの香りが甘くなるまでふたをして弱火で蒸し煮する。水をひたひたまで入れて煮て、しょう油、塩で味をつける。

7 6を芯にして下2㎝は残して4を手羽元のようにつけ、片栗粉をまぶして揚げる。2㎝の部分にアルミホイルを巻く。

※里芋は種類によって固さが違うので、手でまとめられるくらいにパン粉で調整する。

里芋団子のあんかけ

里芋の団子がもっちもち、あんとからんで、やみつきになる美味しさです。あんにはお好みの野菜を入れてどうぞ。

材料（4人分）
里芋…200g
玉ねぎ…40g
干し椎茸…小2枚
れんこん…30g
片栗粉…大さじ2
塩…小さじ⅓
しょう油…小さじ½
揚げ油…適宜
ごま油…少々
〈きのこあん〉
だし汁…1カップ
しめじ…½パック
えのき…⅓パック
しょう油…小さじ1
塩…小さじ⅓
くず粉…小さじ2
水…小さじ2

作り方

1 里芋を蒸し、つぶす。

2 玉ねぎ、れんこん、干し椎茸は水で戻してみじん切り。しめじは、ほぐしておく。えのきは半分に切る。

3 玉ねぎをごま油少々でよく炒め、椎茸、れんこんを加えて炒め、ひとつまみの塩（分量外）を入れ、蒸し煮する。

4 **1**に**3**と片栗粉を混ぜる。さらに、片栗粉（分量外）をまぶしながら団子にし、揚げる。

5 きのこあんを作る。鍋にだし汁を入れ、火にかける。沸騰したら、しめじとえのきを入れ、塩、しょう油で味をつける。くず粉を同量の水で溶いて入れ、とろみをつける。

6 揚げた団子に**5**をかける。

※ 団子の中に入れる片栗粉の量は、里芋の種類によって冷めてからの固さが違うので、調整します。

※ 白目は冷めても軟らかく、赤目はしっかりとします。

ほうれん草とえのきの煮浸し

塩ゆでしたほうれん草を、味をつけ冷ましただし汁に入れて味を含ませると、色よくプロの味の煮浸しができあがります。

材料（4人分）
ほうれん草…½把（100g）
にんじん…20g
えのき…½把（50g）
だし汁…300㎖
塩…小さじ1
しょう油…小さじ1.5
みりん（お好みで）…小さじ1
ごま油…少々

作り方

1 ほうれん草は色よく塩ゆでし、水気をしぼる。

2 にんじんは細切り、えのきは石づきを取り2等分にし、バラしておく。

3 鍋をあたため、ごま油少々でえのきを炒め、しんなりとなったらにんじんを加え、塩ひとつまみ（分量外）を入れ、ふたをして弱火で蒸し煮する。

4 だし汁を加え、塩、しょう油、みりん（お好みで）で味をつける。

5 4の煮汁が冷えたら1を加えしばらく入れたままにして味をしみ込ませて取りだし、ほうれん草を3〜4㎝に切り、きれいに盛りつける。

※えのきとにんじんは炒めず、そのまま味をつけただし汁で煮てもいいですよ。

※小松菜など、ほかの青菜でもおいしくいただけます。

れんこんボールのしんこ団子

れんこんのボールを、鹿児島の郷土料理「しんこだんご」風にしました。咳が出やすい方にもおすすめです。

材料（4人分）
れんこん…100g
もち玄米粉（もち米の玄米粉）…100g
塩…少々
しょう油…大さじ1
みりん…大さじ1
黒砂糖（お好みで）…適宜
串…8本
水…適宜

作り方

1 れんこんは皮ごとすりおろす。
2 ボールに1ともち玄米粉、塩を入れ、よく混ぜ、耳たぶの固さになるまで水を加える。
3 2を24等分にし、団子に丸め、沸騰したお湯に入れ、浮き上がってきたら1〜2分ゆで、網じゃくしで取り上げる。
4 冷水に入れ粗熱を取り、すぐにザルに取り上げる。
5 串に3個ずつ刺し、フライパンで色よく焼く。
6 焼き上がったらフライパンをぬれぶきんの上に置き、温度を下げる。
7 しょう油とみりんに、お好みで黒砂糖を混ぜたものをフライパンに入れ、再度火にかけ、団子にからませる。

※もち粉や白玉粉でも同様に作れます。

※小さいお子さんには、串に刺さずにそのままでどうぞ。

アップルケーキ・豆腐クリーム

りんごのバラがテーブルを華やかにしてくれます。クリームも豆腐とは思えないなめらかさです。

材料（18㎝丸型）

〈スポンジケーキ〉

薄力粉…200g
ベーキングパウダー…小さじ2
（アルミニウムオフのもの）

A
- りんごジュース…100㎖
- 豆乳…70㎖
- メープルシロップ…大さじ2.5
- なたねサラダ油…大さじ3
- バニラエキストラ…小さじ1
- 塩…ひとつまみ

〈飾りのりんご〉

りんご…1個
レモン果汁…小さじ½
メープルシロップ…大さじ1
水…大さじ1

〈豆腐クリーム〉

木綿豆腐…1丁（300g）

B
- メープルシロップ…大さじ2
- りんごジュース…60㎖
- なたねサラダ油…小さじ2
- レモン汁…小さじ1
- バニラエキストラ…小さじ½
- 塩…少々
- おつゆ麩…2g

作り方

1 オーブンを180℃にあたためておく。

2 薄力粉とベーキングパウダーを合わせふるう。

3 Aを混ぜ合わせたものを2に加え、粉っぽさがなくなるまでざっくりと混ぜる。

4 18㎝のケーキ型に油を塗るか、クッキングシートを敷いて3を流し入れ、オーブンで30分程焼く。

5 飾りのりんごを作る。りんごは芯を取り、厚さ3㎜くらいの薄い回し切り（くし切り）にする。

6 大きめの鍋に5を広げ塩少々（分量外）、レモン果汁小さじ½、メープルシロップ大さじ1、水大さじ1を入れ、火にかけ、蒸気が出てきたらふたをして、弱火でりんごに透明感が出るまでしばらく煮る。

7 豆腐クリームを作る。鍋に水を多めに入れ沸騰させる。4つに切った豆腐を入れ、豆腐に火が通り、

上に上がってきたら、ザルに取り上げ、ふきんやタオルにくるみ、重しをしてしっかり水を切る。

8 フードプロセッサーに7とBを入れ、なめらかになるまで回す。

9 焼いたスポンジケーキを半分に切り、下半分に豆腐クリーム(上に塗る分は取っておく)を塗り、6をのせ(バラの花びら用は取っておく)、上半分のスポンジをのせる。

10 9に残りの豆腐クリームを塗り、6を花びらのように作り、上に飾る。

そばとりんごの茶巾しぼり

軽食、スイーツにいかがですか？　団子にして、フライパンで焼き目をつけると、香ばしくなります。

材料（4人分）

さつまいも…160g
そば粉…50g
レーズン…25g
りんご…小¼個（60g）
水…200㎖
塩…ひとつまみ

作り方

1 さつまいもは皮つきのまま1㎝角、りんごも皮つきのまま5㎜角に切る。レーズンは粗みじんにする。

2 鍋にさつまいもと水、塩を入れ、火にかけ、沸騰したらふたをして弱火で煮る。

3 さつまいもが煮えたら、りんごとレーズンを加える。

4 りんごが軟らかく煮えたら水分を軽くとばし、そば粉を入れ、軽く混ぜて火を止め、練り合わせる。

5 4を8等分にして、ラップやふきんに包み、茶巾にしぼる。

※ ふきんはぬらして固くしぼったものを使います。

大学いも

米あめとみりんで優しい甘みの大学いもに。さつまいもの皮にはカルシウムがたっぷり。皮ごといただくと、ガスが出ませんよ。

材料（4人分）
さつまいも…150ｇ
みりん…大さじ1
米あめ…大さじ2
水…大さじ1
黒ごま…大さじ1
塩…ふたつまみ
揚げ油…適宜

作り方

1 さつまいもは皮ごと乱切りにし、揚げる。黒ごまは粗く切る。

2 米あめ、水、みりんを鍋に入れ、火にかける。少し煮詰めたら、黒ごまと塩、揚げたさつまいもを入れ、からめる。

小松菜のケーキ

卵やバターなど使わずに、小松菜の自然の色が驚くほど鮮やかなケーキが焼けました。

材料（パウンド型1個分）

薄力粉…100g
全粒薄力粉…100g
ベーキングパウダー…小さじ2
（アルミニウムオフ）
くるみ…30g
レーズン…30g
小松菜の葉…70g
水…大さじ1

A
- 豆乳…100㎖
- りんごジュース…100㎖
- 香りなしごま油
  またはサラダ油…大さじ3
- メープルシロップ…大さじ2
- 塩…少々

作り方

1 オーブンは180℃にあたためておく。

2 薄力粉、全粒薄力粉、ベーキングパウダーを混ぜ、粉ふるいにかける。

3 レーズンは小鍋に入れ、水大さじ1を加え、斜めにして片方に寄せ、ひと煮立ちさせ、みじん切りにする。くるみは粗みじん切りにする。

4 小松菜の葉はさっと色よくゆで、みじん切りにする。

5 ミキサーに4とAを入れ、回す。

6 2に3を加えて混ぜ、5を入れざっくりと混ぜ合わせ、パウンド型に入れ、30分ほど焼く。

※冬が旬で、寒さに強い小松菜は、霜にうたれることによってより甘みが増します。アクもなく栄養豊富なので、いろいろなお料理に使いたい野菜です。

※ミキサーがない時は、すり鉢でも代用できます。

【毎日の食卓に】

ふのりと蒸し煮野菜のみそ汁

ふのりは胆石や腎結石などがある方におすすめです。

材料(4人分)

玉ねぎ…80g
かぼちゃ…80g
にんじん…25g
油あげ…⅓枚
みそ…60g
小ねぎ…1本
ふのり…4g
だし汁…650㎖
塩…ひとつまみ
ごま油…少々

作り方

1 玉ねぎは回し切り(くし切り)、かぼちゃはくし切り、にんじんは斜め細切り、油あげは油抜きし、細切りにする。小ねぎは小口切りにする。

2 ふのりはさっと洗ってザルに取り上げておく。

3 ごま油少々で玉ねぎをよく炒め、かぼちゃ、にんじん、油あげを加え、塩をひとつまみ入れ真ん中に集め、ふたをして弱火で、野菜がいい香りになるまで蒸し煮する。

4 3にだし汁を入れ、野菜が煮えたらみそを入れる。

5 お椀にふのりを入れ、みそ汁を注ぎ、小ねぎをのせる。

※ 蒸し煮野菜は多めに作っておいて、冷蔵庫にストックすると、みそ汁やスープがお手軽にできます。

※ ごま油の量は、みそ汁ができ上がった時、上に浮かない程度にします。

【毎日の食卓に】

ひじき煮

カルシウムや鉄分などのミネラルを多く含むひじきは、血液をきれいにしてくれるので、美肌作りや、きれいな黒髪を保つのに効果的です。鉄分を多く含み貧血予防にもなるので、毎日の食卓に欠かせないもののひとつです。

材料（4人分）
ひじき…25g
れんこん…25g
にんじん…15g
油あげ…小1枚
ごま油…小さじ1
しょう油…大さじ2
水…適宜

作り方

1 ひじきはさっと洗い、爪で切れるようになるまで水で戻し、ザルに取り上げ、縦、横3㎝ぐらいに切る。

2 油あげは沸騰したお湯で油抜きし、半分に切り、細切りにする。にんじんは千切り、れんこんはいちょう切りにする。

3 あたためた鍋にごま油を入れ、ひじきを水分がとぶまでよく炒め、れんこんを加えて、さらに炒める。

4 3に水をヒタヒタまで加え、沸騰させたら、すき間を少しあけて、ふたをし、中火にして煮る。

5 ひじきが煮えたら、油あげとしょう油を入れ、味を調える。味がなじんだら、にんじんでふたをするようにひじきの上に置き、水をとばし、最後に混ぜ合わせる

※身体を整えるのに、毎日少しずついただきたいお料理のひとつです。和え物やチャーハン、サラダなどに、リメイクしても使えます。

【毎日の食卓に】

きんぴら

しっかり火を入れた根菜類のきんぴらは、身体をあたためてくれる食養料理の一つです。

材料（4人分）

ごぼう…80g
れんこん…20g

にんじん…20g
ごま油…少々

梅酢…2〜3滴
もしくは塩ひとつまみ
しょう油…小さじ2

作り方

1 ごぼう、にんじんは細切り、れんこんはいちょう切りにする。

2 鍋をあたため、ごま油を鍋底になじむ程度に引き、ごぼうをさっと炒める。ごぼう全体に油がまわったら梅酢2〜3滴（もしくは塩ひとつまみ）を入れ、中央に集め、ふたをして弱火で蒸し煮する。焦げそうなときは、水大さじ1を鍋肌から入れる。

3 ごぼうのあくけの匂いが甘く感じてきたら、にんじん、れんこんを加えて炒め、塩ひとつまみ（分量外）を入れて、さらに蒸し煮する。

4 水をヒタヒタに入れ、軟らかくなったらしょう油をまわし入れ、味を調える。焦げないように静かにかき混ぜ、水気がなくなるまで弱火で煮る。

【おたのしみレシピ】

グルテンのカツ

植物性タンパク質のグルテンのカツはお肉のカツのような食感です。コレステロールが気になる方にも安心です。

材料（４人分）

グルテンミート（固まり）…小１缶
しょう油…小さじ1.5
しょうが…適宜
にんにく…適宜
パン粉…適宜
揚げ油…適宜

〈水溶き小麦粉〉
小麦粉…20ｇ
水…40㎖
塩…ひとつまみ

作り方

1 グルテンミートをそぎ切りにする。

2 バットに、しょう油、にんにく、しょうがをおろしたものを入れ、1を漬けて味をつける。

3 2に水溶き小麦粉とパン粉をつけて揚げる。

※グルテンミートは、小麦などの植物性のタンパク質にしょう油などで下味をつけたものです。固まり状とミンチ状のものがあります。

※お好みのソースをかけても美味しく頂けます。

覚えておきたい
マクロビオティックの
知恵・手当て法

梅しょう番茶

効能

「梅干し医者いらず」とか「梅はその日の難逃れ」などと言い伝えられているように、梅は日本人にとって健康づくりに欠かせないものの一つです。

梅干しに含まれる強力な抗菌作用で細菌感染を防ぎ、クエン酸、リンゴ酸、コハク酸などの有機酸が疲労物質「乳酸」を分解するので、疲労回復や夏バテなどに有効です。

しょう油には胃液の分泌を促し、大腸菌などを殺菌する効果があります。

番茶に含まれるビタミンCはでんぷん質に守られているプロビタミンCなので煮出しても分解されず、胃酸と出合って初めてビタミンCに合成されます。

少量のしょうがは、血行をよくして身体をあたためてくれます。

それぞれ、身体にいいものばかりですが、それを梅しょう番茶としていただくと、より強力で、胃腸・肝臓・腎臓・心臓の働きを強化し、身体をあたためる働きもあるので冷え性の方にもおすすめです。

夏には熱中症予防に、冬には風邪やインフルエンザ予防にと、体調を整えるのに効果的です。

体調不良の時は、くず粉を入れた、くず梅しょう番茶がおすすめです。

材料

無添加梅干し…中1個
純正しょう油…小さじ1~2
番茶を煮出したもの…湯飲み茶碗に7~8分目
しょうがのしぼり汁…2~3滴

作り方

1. 湯飲み茶碗に梅干しを入れ、種を取る。
2. 箸で突いてつぶし、しょう油を入れ練り合わせる。
3. しょうがのしぼり汁を入れて、熱い番茶を注ぐ。

作り置きをしたいという方は、すり鉢に梅干しを入れ、すり混ぜながらしょう油を少しずつ加えていくと梅しょうエキスができるので、ガラス瓶に保存します。梅しょうエキスがあれば、しょうがのしぼり汁と番茶を注ぐだけで、簡単に梅しょう番茶ができます。（いい梅干しがない場合は、自然食品店に梅しょうエキスや、番茶やしょうがまで入って、お湯を注ぐだけの濃縮番茶入り梅しょうエキスなどがあります）

飲み方

朝、起きしなや空腹時に、1日1回～2回。

塩気はおいしいと感じる程度。

運動したり働いたりと汗をかく人は塩気は強めに、室内で生活したり、汗をさほどかいたりしない方は薄めにと、飲む人によって調整します。

※飲み過ぎにご注意を。

梅しょう番茶を飲む頻度が多かったり（朝・昼・晩など）、飲む量が多すぎると（マグカップ一杯の量など）、腎臓への負担が大きくなるので、適量をお飲み下さい。

しょうが湿布

マクロビオティックの手当て法には、さまざまな湿布があります。その薬の材料となるものは、しょうが、里芋、こんにゃく……。なじみのある身近な食材を使って作ります。ここでは、しょうが湿布を紹介します。

スパイスとして重宝されるしょうがは、胃の調子を改善し、消化を助ける働きがあります。外用薬としては、血行促進を進めるため、肩こりや神経痛、婦人病、がん、胃腸病、冷えなど、さまざまな病気に効きます。

材料

ひね生しょうが…150g
水…2ℓ
さらし木綿（木綿のハンカチ等）またはガーゼ
輪ゴム…1個
ビニール袋大（45ℓのゴミ袋など）
厚めのタオル…2枚
バスタオル…1枚　寒い時期には毛布や布団
ごま油…少々

作り方

1．しょうがは、洗って皮ごとおろし器ですりおろし、さらし木綿でくるみ、輪ゴムでしばる。（頻繁にしょうが湿布をする場合は布袋を作っておくと便利です）

2．浅めの鍋に水を入れ、沸騰しない程度（80度くらい）に熱する。

3．1を熱湯に浸して、振ったり、箸などでしぼったりして、しょうがの成分を出す。その後も布袋は浸したままでよい。

手当て法

1．患部に乾いたタオルを1枚おく。

2．別のタオルを4つ折りにして、しょうが湯に浸して軽くしぼり、乾いたタオルの上にのせる。

3．その上に保温のためと衣服がぬれないようにビニール袋を置き、その上

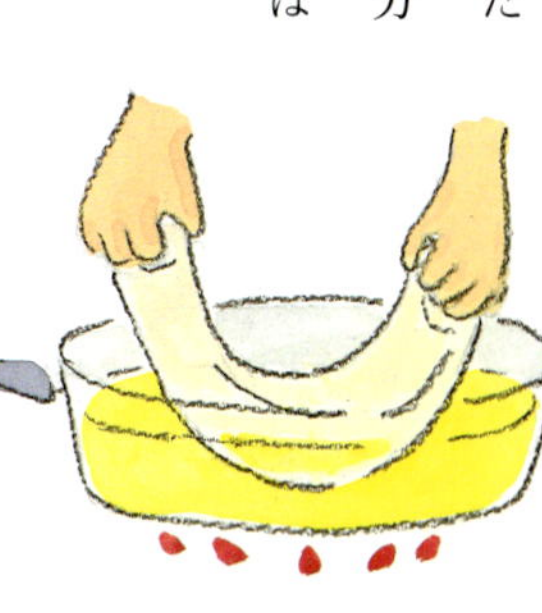

にバスタオル、そして毛布や布団を重ねて冷えないようにする。

4．一番下のタオルが冷えたら、取り出してしょうが湯に浸し、軽くしぼり、タオルの上に重ねる。何回か繰り返し20分くらいする。お腹と腰にするのが特におすすめ。

※一度冷えたタオルは、二度しぼり直すとあたたまります。

※湿布の後には、患部にしょうが油を塗ると、しょうが湿布の効果が持続します。

※患部が熱をもっている場合には当てないようにして下さい。湿布を当てたときに、気持ちよい、という感覚があればその手当ては合っていますが、違和感があればやめてください。

※やけどには十分気をつけてください。湿布をする個所が多く、3、4個所を超える時には、2度に分

け、1時間以上、間をおきます。胸など心臓に近い部分は避けてください。

※湿布後、前後1時間はお風呂に入るのを控えて下さい。

しょうが湿布でがんを克服した男性も

マクロビオティックを基本にした店を作りたいと心に決めたころ、以前から大腸がん、甲状腺がんを患っていた友人のお父さんに肺がんが見つかりました。

そのとき友人家族は家族会議を開き、マクロビオティックで回復を目指すと決めました。

食事はもちろんのことですが、がんの部位に、毎日欠かさずしょうが湿布、里芋湿布を続けたら、何とがんの部位が真っ赤になって口があき、その後、がんが消えていたそうです。

校長先生だったお父さんは、それから数年後、「私は玄米、しょうが湿布、里芋湿布など、食事療法や手当てでがんが消えた」と退職者の会報で報告されたそうです。

食事はもとより、手当ての効力を思い知った一件でした。

店がオープンして20年以上が過ぎました。友人のお父さんに起きた奇跡が、ずっと私の活動の支えとなっています。

里芋パスター

ある料理教室で、「主人がゴルフ場で移動中にカートで木にぶつかり、なかなか痛みが取れない」という女性がいらっしゃいました。

そこで、里芋パスター（湿布）を教えてさしあげたら早速実践され、すぐに痛みがひいたと報告がありました。

また、別の方は、指にバイ菌が入り、指の大きさが倍に腫れたと相談されました。

日頃甘いお菓子がお好きな方でしたが、このときばかりは免疫力を落とさないように、甘いお菓子やごちそうを控え、里芋パスターを試されたら、すぐに腫れがひいたそうです。

里芋には、毒素を体外に出してくれる働きがあります。打ち身やねん挫、化膿、やけど、耳下腺炎、腎臓病、子宮筋腫、がんなどの手当てとして、里芋パスターは、昔から重宝されています。

用意するもの

里芋と小麦粉…同量
ひねしょうが…里芋の1割の量
塩…少々
木綿布かガーゼ

手当て法

1. 里芋は皮を厚めにむき、すりおろす。
2. しょうがをおろして、里芋と塩を加え、小麦粉も少しずつ入れて、混ぜ合わせる。
3. ガーゼの半分にパスターを厚さ1㎝以上になるようにのせて、ガーゼを2つに折る。患部にはパスターが当たらないように。
4. 皮膚が弱い方は、かぶれを防ぐため、患部にごま油を塗った後、ガーゼを当てる(ごま油は香りあり、香りなし、どちらでも)。外に漏れ

ないよう、ハンカチなどで覆って、包帯を巻く。

※ 4~5時間が経過したら外しましょう。ねん挫など熱をもっている場合はパスターが固まりやすいため、早めに取り替えましょう。その上には直接当たらないよう気をつけましょう。

※ 夏場で、里芋が手に入りにくい時は、自然食品店で売られている里芋の粉をおすすめします。

しょうが油

虫さされ、かさかさのアトピー性皮膚炎、打ち身、肩こり、神経痛、顔面神経痛、血行不良、脱毛症に。血行をよくし、炎症を抑えます。

用意するもの

しょうがのしぼり汁…適量（患部の大きさに合った量）

ごま油（伝統製法のもの）…しょうがのしぼり汁と同量

手当て法

1. しょうがのしぼり汁と同量のごま油を皿に入れ、なめらかになるまで、指、またはスプーンで、よく混ぜ合わせる。

2. しょうが油を患部に直接、または脱脂綿に浸して塗り、すりこむようにマッサージする。

※ ごま油の香りが気になるときは、香りなしのものを使って下さい。

※傷があるときは、しょうがはとてもしみるので、しょうが汁の量を少なくして様子をみます。傷が治ったら、同量にします。

※足や手を、うっかりぶつけて痛い時にも、しょうが油でマッサージすると、驚くほど痛みが取れます。

※作り置きすると酸化するので、2〜3日で使いきるくらいの量で作りましょう。

※夏には虫さされに活躍します。キャンプのお供にもおすすめです。

こんにゃく湿布

腹痛、下痢、風邪気味でお腹が冷えているとき、またお通じがないとき、冷え性、生理痛、腰痛、神経痛などに、こんにゃく湿布はお手軽にできて、とても気持ちのよいお手当て法です。

腹痛や、下痢、また風邪気味でお通じがないときはお腹に、冷え性や体が冷えて風邪気味の時、腰痛、生理痛の時には腰に当てます。

用意するもの

こんにゃく…1枚
熱湯・鍋・箸
厚めのタオル…2枚(薄いものだったら3枚)
ビニール袋…1枚

手当て法

1. 沸騰したお湯に、こんにゃくを入れ、こんにゃくが芯まであたたまるように15分程ぐらぐらと煮る。
2. やけどをしないように箸などで取りあげ、タオルで二重にくるみ、患部に当てる。
3. 洋服がぬれないようにビニール袋を当て、タオルをかけるなど、身体を冷やさないようにする。

4．タオルが冷めたら一枚はずし、患部に当てる。

※しっかりあたためたこんにゃくは、意外と熱く、熱も持続します。熱いことをうまく伝えられない小さいお子さんなどは、やけどをすると大変なので、まずは一度ご自分に当ててみましょう。

※こんにゃく湿布で使ったこんにゃくは、繰り返し、小さくなるまで使えます。使ったこんにゃくは、水を入れた容器に入れて保存します。

※一度使ったこんにゃくは毒素を取っているので、食べられません。

番茶湿布

パソコンを使い過ぎて目が疲れる。なんだか目がかすむ。疲れ目、近視、遠視、白内障、ものもらいなど目のトラブルにも効果的です。

用意するもの

ハンドタオルや厚めのハンカチ…1枚

熱い番茶…1カップ〜2カップ（ハンドタオルやハンカチが浸かるほど。ポットに残った番茶でもOK）

塩（ミネラルを含むもの）…番茶の1％（1カップの番茶に塩小さじ2/5）

手当て法

1. やけどをしない程度の熱い温度の番茶に、1％の自然塩を加え、ハンドタオルを浸します。
ポトポトと落ちない程度に軽くしぼり、15分間ほど目に当てます。（薄目を開けて目に蒸気を当てます）

2. 途中、ハンドタオルが冷えたら、再度番茶に浸してしぼり、目に当てます。
（浸す番茶が冷えたらあたためます。一度目に当てたハンドタオルは冷えているので、浸してしぼるのを二度繰り返すと、しっかりあたたまります）

豆腐パスター

豆腐で熱が下がるってホント？　とよく尋ねられます。でも、これは迷信ではなく、豆腐に含まれる成分が反応する酸化還元という化学反応を利用した手当てなのです。38度以上の高熱が出たら豆腐パスター。インフルエンザ、風邪、肺炎など、高熱が出たときに。脳卒中、脳溢血、くも膜下出血などの手当てに。

用意するもの

木綿豆腐…1～2丁（風邪の時は½丁）
しょうが…少々（豆腐の10％程度）
小麦粉…少々

まな板…2枚（なければまな板1枚とバットなど平らなもの1枚）

ふきん・すり鉢・すりこぎ・ガーゼ・さらし木綿

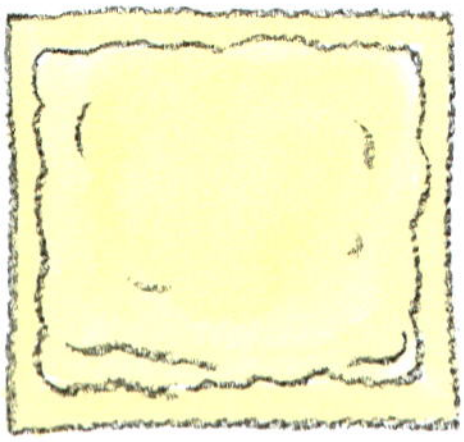

手当て法

1．まな板の間に、ふきんでくるんだ豆腐をはさみ、斜めにし、その上に水を入れたやかんや鍋を置き、しばらく置いて水切りする。（急ぐ場合には木綿の布にくるんでしぼる）

2．豆腐をすり鉢ですりつぶし、これにおろししょうがを混ぜる。

さらに小麦粉を少々加え、固めにまとめてガーゼに1cmくらいの厚さにのばし、額に貼る。（豆腐はバラバラになって落ちるようなときは、ガーゼでくるみます）

3．脳溢血や脳卒中などのときは、風呂敷大の四角いさらし木綿を三角に折り、頭全体を包む。

※豆腐パスターを貼ったら、2時間ごとに検温して、37度台に下がったらはずします。

そばパスター

膝にたまった水や腹水を取ってくれます。

私の母は昭和4年生まれ。86歳になった今も、畑仕事や家事をしたり、ご近所さんとのおしゃべりを楽しんだりと元気に毎日を過ごしています。とはいえ、年を重ねれば、体に支障が出るのは当たり前。

7〜8年前、足の膝に水がたまり、腫れてしまいました。

すぐにそばパスターを作り、患部に当てて寝たところ、翌朝には、すっかり腫れが引いていました。パスターの方は、水分を含み、べっとりになっていました。

別の日には、手の甲が腫れ、水が溜まった時にもそばパスターのおかげで、2~3日ですぐに水が取れました。

また、腹水がたまり、息も苦しかったという方からのご相談があったので、そばパスターをおすすめしました。その夜、そばパスターを当てると、べっとりになったので何回か替えたところ、水が抜け、大変喜ばれたこともありました。

用意するもの

そば粉（そば粉100％のもの）
熱湯・さらし木綿等・ボール
箸…2膳

作り方

1. ボールにそば粉を入れ、熱湯を注ぎ、箸でかき混ぜ、固めのクリーム状にします。
2. さらし木綿に①を厚さ1cm程にのばし、水のたまった部分に貼ります。
3. 1~2時間すると水が取れてきて、パスターがべっとりとなるので、貼り替えます。

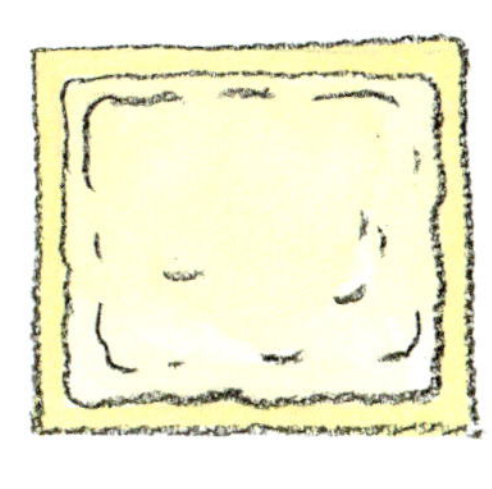

おわりに

店をやっていると、うれしいこと、そして悲しいこと、いろんなことに出会います。食を変えて健康を取り戻したお客様がいる一方で、小さいお子さんを残して病で亡くなった方もいらっしゃいます。

健康をめぐる悲しいことが少しでもなくなるようにと、マクロビオティックの知恵をお伝えしたいと思って、理論やお料理を学んできました。

学ぶなかで、私もつい病気のことに目がいきがちですが、マクロビオティックとは、食を通じて病を予防する健康法ということだけでなく、人の心の持ちようやあり方、生き方そのものなのです。

私自身もまだまだ勉強中です。これまで料理教室のレシピはつくってきましたが、この本を書くにあたり、改めて基本を見直すと、知っていると思っていた知識のなかに、多くの新たな発見がありました。毎日、開店前や教室前の早朝、眠い目をこすりながら、苦手な執筆作業に頭を抱えた私へ、マクロビオティックの神様からのプレゼントでしょうか。これからの学びにつながりそうで、教室やレシピづくりが、ますます楽しみになりました。

やさい村を開店し、マクロビオティックを学んだことで、たくさんの方々とのご縁をいただいたことは、私にとって、何よりの宝物です。

この本もたくさんのご縁が繋がって出版することができました。

最初に本を作るように勧めて下さったお二人、神谷裕司さん、そして本作りもお手伝いして下さった木野千尋さん、私の知らぬ間に（！）出版を南方新社に頼んで下さった竹之内佳代子さん、そして、それを聞き、編集担当として料理の写真も撮って下さった鮫島亮二さん（現在、出版社燦燦舎代表）、写真撮影や編集担当をして下さった梅北優香さん、イラストを描いて下さったさめしまことえさん、デザインを担当して下さった片平美保さん、貴重な資料を提供して下さった野田幸敬さん、お料理を一緒に作って下さった山之内静江さん、押川雅代さん、段七奈さん、湯又香里さん、お店で頑張って下さったやさい村スタッフ、専門家としてさまざまなアドバイスをしていただいた岡部賢二先生、本の出来上がりを気長に待って下さった南方新社社長向原祥隆さん、そして、大阪まで勉強に行かせてくれ、忙しい毎日を支えてくれる家族のおかげでこの本ができました。

心より感謝しています。ありがとうございます。

出版をきっかけに、ますますご縁が広がればうれしく思います。

角屋敷まり子

おすすめの食材

◎頑固〝本生〟濃口醤油 720㎖

国産の農薬不使用栽培原料を使い、杉樽に2年寝かせて熟成しているので、風味、コクが違います。

◎有機・梅酢〈赤〉200㎖

有機梅干しを作る時にできる梅酢。酢の物、ドレッシングのほか、手当てにも重宝します。

◎味の母 720㎖

酒の風味とみりんの旨みを併せもっています。あらゆるお料理に使えます。

◎海の精・あらしお 170g

伊豆大島で、海水を太陽と風の力で濃縮し、火の力で丹念に炊き上げている塩です。

◎オーガニックエクストラバージンオリーブ油 230g

農薬や化学肥料を使わない伝統農法で栽培されたオリーブの実から作られています。

◎圧搾一番しぼり 胡麻油 165g

圧搾一番搾りの香り高いごま油。お料理の味が引き立ちます。

◎煎らずに搾った 胡麻油 165g

ごまを炒らずに搾った、香りがほとんどないごま油。洋風料理、お菓子作り、手当て法「しょうが油」などにおすすめです。

◎無双本葛100％粉末 100g

南九州産本葛100％。使いやすい粉末タイプ。

◎国内産有機きな粉 120g

国内産有機大豆を炒り上げて粉末にしています。美味しいと評判。

◎有機玄米粉 200g

国産有機栽培玄米の生を、ゆっくり挽いています。スープやシチューなどのトロミにも。

◎国内産有機・小豆 200g

有機JAS認定の小豆。小豆ご飯や小豆粥、スイーツにも欠かせません。

◎国内産有機・黒豆 200g

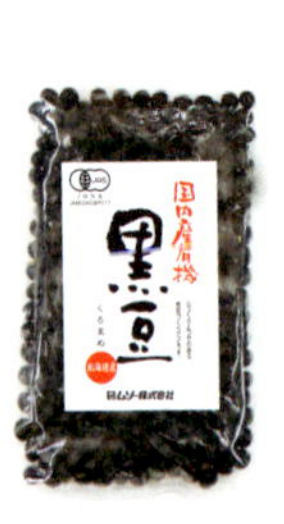

有機JAS認定の黒豆。黒豆ごはん、サラダや煮豆などにどうぞ。

◎**そば米　300g**

ご飯と一緒に炊いたり、スープや雑炊にどうぞ。血管に弾力を持たせてくれます。

◎**有機いりごま・白　80g**

良質の有機白ごまを炒っています。すっていただくと、より吸収がよくなります。

◎**有機いりごま・黒　80g**

有機黒ごまを炒っています。黒ごまの色素は抗酸化物質を含みます。

◎**有機大豆使用・にがり高野豆腐　6枚**

国産有機大豆とにがりを使い、膨張剤を使用せず作った、昔ながらの食感の高野豆腐。

◎**車麩　6枚**

ぬるま湯やだし汁で戻し、カツやよせ鍋、酢の物など、いろいろなお料理に使えます。

◎**国産有機小麦粉使用天然酵母パン粉　150g**

天然酵母で焼いたパンを使ったパン粉。フライ、コロッケ、ハンバーグ等にどうぞ。

◎**函館白口浜産・天然真昆布　180g**

真昆布の中でも最高級とよばれる白口浜の天然真昆布を10cmにカットしています。

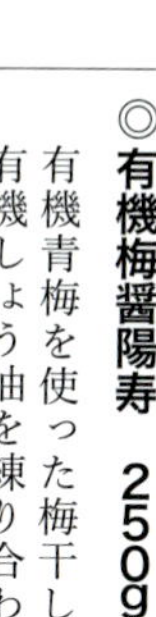

◎**有機梅醤陽寿　250g**

有機青梅を使った梅干しと有機しょう油を練り合わせたもの。番茶を注いで梅しょう番茶に。

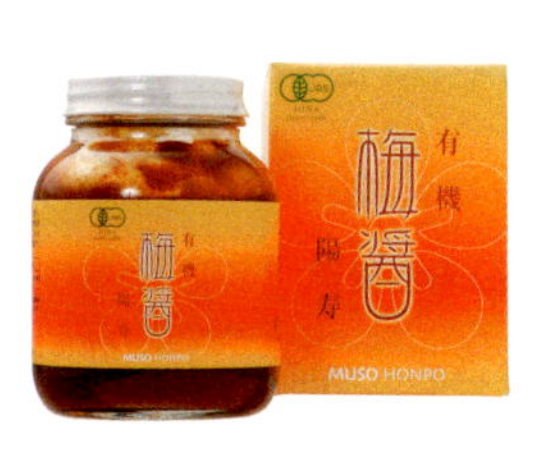

◎**有機鉄火みそふりかけビン入り　75g**

根菜に八丁味噌を合わせ、時間をかけて炒り上げたふりかけ。玄米ご飯にかけてどうぞ。

◎**節蓮根粉末　50g**

蓮根の節の部分を粉末にし、くず粉と生姜を合わせたものです。気管の弱い方におすすめ。

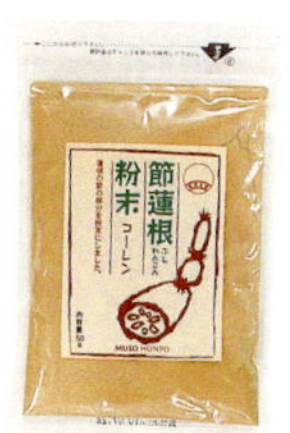

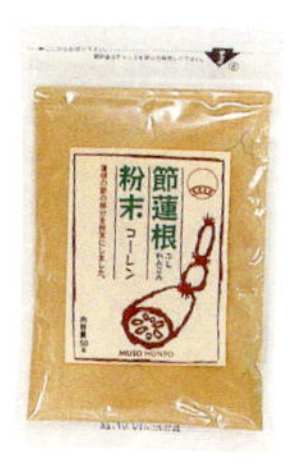

◎**有機生姜末ビン入り　40g**

梅しょう番茶やジンジャーティー、各種お料理にお使いいただけます。

◎**生姜粉末〈箱〉20g×4**

ティーパック入りなので、手当て法「しょうが湿布」がお手軽にできます。

◎**さといも粉〈箱〉さらし付50g×4**

分包タイプ。里芋湿布を初体験の方におすすめです。

◎**有機・梅肉エキス 40g**

青梅の汁を長時間煮詰めた梅エキスは、ミネラルをバランスよく含む、アルカリ食品です。

◎**梅ぼしさん・国産しそ梅干し100% 16g**

梅干しを小さな丸粒にしています。外出や旅行、咳が出る時にもおすすめです。

◎**国内産ごま塩 45g**

国産ごまと塩を炒りあげています。玄米ご飯にかけると、栄養バランスが整います。

◎**純米富士酢 500㎖**

農薬不使用の新米を、100年以上伝わる昔ながらの職人技で長期熟成させています。

◎**もち米飴 260g**

昔ながらの手法で作られています。お菓子作りにお料理に、身体に優しい甘みです。

◎**オーガニック小麦粉薄力粉 500g**

ケーキ、クッキー等のお菓子作りや、天ぷらなどに。

◎**グルテンミート 200g**

ぶつ切り肉状の植物性タンパク食品。フライ、炒め物、煮物等いろいろ使えます。

◎**グルテンバーガー 215g**

ひき肉状の植物性タンパク食品。ハンバーグ、餃子、ミートボールなどに使えます。

◎**無双番茶・徳用 450g**

成熟した茶の枝葉を焙じたほうじ番茶に含まれるプロビタミンCは肌を若々しくしてくれます。

〈以上、ムソー〉

◎有機切干大根（乾物）100g

有機栽培大根を使用し天日で干しました。煮物に、サラダに、漬け物に、食物繊維たっぷり。

◎北海道産 ふのり 20g

天然、手摘み、天日乾燥です。さっと洗ってみそ汁、サラダ、酢の物の彩りにもどうぞ。

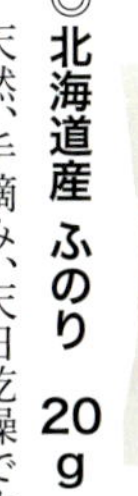

◎粉末寒天 20g 4g×5袋

簡単に溶けます。食物繊維たっぷり、デザートやお料理に、ご飯と一緒に炊いてもいいですよ。

◎オーサワの有機メープルシロップ 250㎖（瓶）

有機栽培のサトウカエデ樹液を濃縮した貴重な甘味料。お菓子やお料理にどうぞ。

〈以上、オーサワ〉

◎菜たねサラダ畑 650g

非遺伝子組み換えの菜種を使い、添加物や苛性ソーダを使っていません。くせがないので、ドレッシングやスイーツにもいいですよ。

〈鹿北製油〉

◎ベーキングパウダー 114g

アルミニウム不使用のベーキングパウダーです。

◎バニラエキストラクト 59㎖

化学香料の添加や薬品を使っての抽出はせず、バニラビーンズからバニラ液を抽出したエッセンスです。

〈以上、アリサン〉

■掲載商品のお問い合わせ先

ムソー株式会社
TEL：06-6945-0511
FAX：06-6946-0307
http://muso.co.jp/

オーサワジャパン株式会社
TEL：03-6701-5900
http://www.ohsawa-japan.co.jp/

有限会社鹿北製油
TEL：0995-74-1755
FAX：0995-74-1756
http://www.kahokuseiyu.co.jp/docs/index.htm

アリサン
Tel：042-982-4811 FAX：042-982-4813
http://store.alishan.jp/

おもな食材別さくいん

野　菜

果　物

穀物・穀物製品

参考文献

日本CI協会『マクロビオティック食材物語』キラジェンヌ株式会社
岡部賢二『マワリテメクル小宇宙』ムスビの会出版部
岡部賢二『家族を内部被ばくから守る食事法』廣済堂出版
正食協会編『身近な食物による手当て法』正食出版
新食品成分表編集委員会『新食品成分表FOODS』東京法令出版株式会社
柴田書店編『The SALT BooK 塩の本』株式会社柴田書店
船瀬俊介『自然流「だし」読本』農文協
岡部賢二『ぐずる子、さわぐ子は食事で変わる!』廣済堂出版
松本紘斉『驚異の梅肉エキス13大効用』ごま書房
真弓定夫『小児科医が説く医者いらず、クスリいらずの健康法』清流出版
真弓定夫『自然流食育のすすめ』地湧社

著者プロフィール

角屋敷まり子（すみやしき　まりこ）

鹿児島市生まれ。

1992年に鹿児島市吉野町に自然食品の店「やさい村」をオープン。

その後、食べるものだけではなく、食べ方も健康に深く関わっていることを知り、マクロビオティックを学ぶ。

大阪の正食協会でマクロビオティック料理を学び、師範を卒業後、講師の資格を得て料理教室講師となる。

現在、各地で定期的にマクロビオティック料理を指導している。

また、料理教室の他に、保育園や幼稚園、学校などで食と体について講演も行っている。

岡部賢二先生との共著に『ぐずる子、さわぐ子は食事で変わる!』（廣済堂出版）、同じくレシピ提供に『からだのニオイは食事で消す』（河出書房新社）、『月のリズムでダイエット』（サンマーク出版）がある。

やさい村
〒892-0871 鹿児島市吉野町3095-252
TEL/FAX：099-244-8061
http://www.macro-yasaimura.jp/
E-mail：ysim@mxy.mesh.ne.jp

監修者プロフィール

岡部賢二（おかべ　けんじ）

群馬県出身、1961年生まれ。

ムスビの会主宰、フード＆メディカルコンサルタント、正食協会理事。

大学在学中に渡米し、肥満の多さに驚き「アメリカ社会とダイエット食品」をテーマに研究。正食協会講師として活躍後、2003年に福岡県の田舎に移り住み、日本玄米正食研究所を開設。農業の勉強のかたわら、講演や健康指導を行っている。2005年にムスビの会を発足し、マクロビオティック講座やプチ断食セミナーを全国で開催している。

主な著書に『月のリズムでダイエット』（サンマーク出版）、『心とからだをキレイにするマクロビオティック』（PHP研究所）、『家族を内部被ばくから守る食事法』（廣済堂出版）、『からだのニオイは食事で消す』（河出書房新社）、『ぐずる子、さわぐ子は食事で変わる!』（廣済堂出版）がある。

からだをととのえる 季節の野菜レシピ帖
―マクロビオティック料理70選―

発行日 2015年 3月3日 第1刷発行

著者 角屋敷まり子
監修 岡部賢二
写真 梅北優香・鮫島亮二・角屋敷浩太
イラスト さめしまことえ
ブックデザイン オーガニックデザイン
発行者 向原祥隆
発行所 株式会社 南方新社
Nanpou Shinsya, Kagoshima
〒892-0873 鹿児島市下田町292-1
電話 099-248-5455
振替 02070-3-27929
URL http://www.nanpou.com/
e-mail info@nanpou.com

印刷・製本 株式会社イースト朝日
乱丁・落丁はお取り替えします

Printed in Japan
ISBN978-4-86124-315-8 C0077